아더 핑크의
구원 신앙

STUDIES ON SAVING FAITH
edited by Don Kistler

Copyright ⓒ 2010 by Don Kistler
Originally published in English under the title: Studies on Saving Faith
Published by The Northampton Press
A division of Don Kistler Ministries, Inc.
P.O. Box 78135, Orlando, FL 32878-1135, USA
All rights reserved.

Korean Edition published by Word of Life Press, Seoul 2014.
Translated by permission.
Printed in Korea.

아더 핑크의
구원 신앙

ⓒ **생명의말씀사** 2014

2014년 6월 25일 1판 1쇄 발행
2024년 12월 10일   8쇄 발행

펴낸이 | 김창영
펴낸곳 | 생명의말씀사

등록 | 1962. 1. 10. No.300-1962-1
주소 | 서울시 종로구 경희궁1길 6 (03176)
전화 | 02)738-6555(본사) · 02)3159-7979(영업)
팩스 | 02)739-3824(본사) · 080-022-8585(영업)

기획편집 | 유선영, 신유리
디자인 | 최윤창, 윤보람
인쇄 | 영진문원
제본 | 보경문화사

ISBN 978-89-04-03146-7 (03230)

저작권자의 허락 없이 이 책의 일부 또는 전체를
무단 복제, 전재, 발췌하면 저작권법에 의해 처벌을 받습니다.

아더 핑크의
구원 신앙

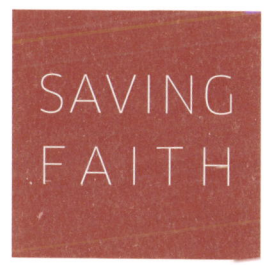

아더 핑크 지음 ― 조계광 옮김

생명의말씀사

추천사 8

Part 1 / 이 시대의 잘못된 구원관을 경계하라

1 • 오늘날 복음주의 구원관의 실상   14
죄를 엄히 다스리는 복음이 없다 | 복음에 대한 진정한 반응이 빠져 있다 | 죄에 대한 회개가 없다 | 그리스도를 주님과 구원자로 영접하지 않는다

Part 2 / 구원 신앙이란 무엇인가?

1 • 참 구원 신앙과 거짓 구원 신앙   32
거짓 구원 신앙의 모습 | 거짓 구원 신앙의 특징

2 • 그리스도께 나온다는 것   47
세 부류의 사람들 | 구원에 이르지 못하는 믿음 | 구원에 이르는 진정한 믿음

3 • 쉽지 않은 구원의 길   62
본질을 놓친 복음 전도 | 좁은 구원의 문 | 구원 신앙을 갖기 어려운 이유들 | 믿음에서 거룩한 행함으로

4 · 구원 신앙이 시작되는 곳 79

구원 신앙에 나타나는 주 되심의 인정 | 구원 신앙에 나타나는 하나님의 은혜 | 구원 신앙에 나타나는 하나님의 능력 | 구원 신앙에 나타나는 죄를 깨달음

5 · 구원 신앙의 열매 93

삶에 나타나는 성령의 열매 | 구원 신앙의 열매 1: 순결한 마음, 겸손, 온유 | 구원 신앙의 열매 2: 사랑과 믿음 | 구원 신앙의 열매 3: 순종 | 구원 신앙의 열매 4: 세상에 대한 승리 | 구원 신앙을 얻는 수단: 기도와 말씀

Part 3 / 그리스도께 나아가라

1 · 그리스도께 나아갈 수 없는 인간의 실존 112

타락과 영적 무능력 | 인간의 부패한 세 영역 | 그리스도께 나아갈 수 있는 원동력

2 · 지식으로 그리스도께 나아가기 130

성경, 그리스도를 알아 가는 첫걸음 | 영적 경험으로 만나는 그리스도 | 성령의 초자연적인 역사 | 산 지식과 죽은 지식은 어떻게 다른가 | 그리스도의 형상으로 빚어지는 참 지식

3 · 감정으로 그리스도께 나아가기   145
지식에서 믿음으로, 믿음에서 사랑으로 | 생각과 마음을 이어 주는 성령의 역사 | 진리의 사랑 vs. 진리에 대한 사랑

4 · 의지로 그리스도께 나아가기   154
구원, 성삼위 하나님의 합작품 | 사탄의 속임수

Part 4 / 구원을 확신하라

1 · 어떻게 구원을 확신할 것인가?   170
극단을 오가는 영적 부흥의 역사 | 움직이는 진리의 중심축 | 열매로 나타나는 구원 신앙 | 말씀으로 검증되는 구원의 확신 | 성령으로 증언되는 구원의 확신

2 · 구원의 확신이란 무엇인가?   186
영적 성품이 나타나다 | 자아를 영적으로 성찰하다 | 말씀에 복종하다 | 주 되심을 인정하다

3 · 무엇이 구원의 확신을 견고하게 하는가? 201

죄로부터의 구원을 알라 | 죄를 슬퍼하는 참 신자가 되라 | 죄를 슬피하지 않는 거짓 신자에서 벗어나라 | 부르심과 택하심을 굳게 하라

4 · 어떻게 구원의 확신을 얻을 수 있는가? 216

자아 성찰을 방해하는 요인을 제거하라 | 성령의 역사를 확신하라 | 거듭난 양심과 성령의 증언을 들으라

5 · 어떻게 구원의 확신을 지켜 갈 수 있는가? 228

사랑과 순종을 나타내라 | 구원의 확신을 굳게 하라 | 구원의 확신을 지키는 4가지 방법

추천사

이 책은 아더 핑크의 저작 가운데 가장 큰 설득력과 통찰력 그리고 영향력을 지니는 책의 하나로 오늘날 시사하는 바가 매우 크다.

1931-1933년에 저술된 이 책은 핑크가 펴낸 월간지 〈성경 연구〉에 시리즈 형태로 처음 출간되었다. 이 책에는 거짓 신앙, 거짓 복음주의, 거짓 확신에 관한 핑크의 깊은 관심과 그의 성경적 확신이 담겨 있다. 물론 이 책은 이른바 "주재권 논쟁"(Lordship controversy, 1980-1990년대에 복음주의 교회 내에서 구원론을 둘러싸고 불거진 논쟁. 주님을 구원자만이 아니라 주님으로 받아들여 믿고 복종해야 구원을 얻는다는 주장과 오직 믿음으로만 구원받는다는 주장이 서로 대립되었다_역주)이 일어나기 오래 전에 저술되었다. 그럼에도 불구하고 그 당시에 핑크는 이미 그리스도의 주재권을 인정하지 않는 신학 사상을 야기한 율법폐기주의와 값싼 신앙주의에 깊이 우려를 표명했다. 그는 그런 그릇된 풍조가 막 싹트기 시작하는 징후를 예리하게 감지했다. 그래서 그것이 훗날 복음주의 운동에 영향을 미

쳐 거짓 회심자들을 양산하고 삶을 혁신하는 복음의 진리에 관한 기독교의 증언을 무력화시킬지도 모른다고 염려했다. 그런 점에서 이 책은 처음 출간되었을 당시 매우 시기적절한 선지자적 경고였다고 할 수 있다. 하지만 이 책은 그 당시보다 오늘날에 훨씬 더 적절하고 필요해 보인다.

> 사탄은 구원 신앙을 가지고 있지도 않으면서 구원 신앙을 가진 것처럼 착각하게 만드는 일에 자신의 책략과 능력을 가장 맹렬하게 쏟아 부어 크게 성공하곤 한다.

핑크의 말이다. 그는 성경의 밝은 빛 아래서 구원 신앙을 면밀히 조사함으로써, 다양한 형태로 위장한 거짓 신앙의 정체를 드러내기 위해 이 책을 서술했다.

이 책은 서두에서부터 오로지 성경에 입각해 식설적이고, 날카롭고, 설득력 있는 논리를 구사하는 핑크의 특성을 유감없이 드러낸다. 핑크는 아무리 어려운 진리도 누구나 쉽게 이해할 수 있도록 간단히 설명하는 재능을 지녔다. 그는 아무도 반박할 수 없는 논리로 사신의 핵심 주제를 설명하곤 했다. 만일 그와 같은 시대를 살았던 사람들이 그가 전하는 메시지를 귀담아듣고 마음에 새겼다면 복음주의 운동이 여러 세대를 거치면서 천박하고 혼란스럽게 전개되는 일은 없었을 것이다.

오늘날의 세대도 핑크의 메시지를 듣고 받아들여야 할 필요가 있다. 교회의 상황은 핑크 이후로 크게 달라졌지만 그때보다 더 나아진 것은 아무것도 없다. 오히려 거짓 확신, 형식적인 신앙고백, 진리에 대한 미온적인 헌신, 경박한 기독교와 같은 문제가 더 많아졌다. 오류의 근본 성격은 그때나 지금이나 똑같지만, 개혁의 필요성은 그때보다 지금이 더 절실하다.

핑크는 이 책이 어려운 메시지를 전하고 있으므로 대중이 받아들이기에는 지나치게 비판적이고 엄격하며 냉소적이라고 생각할 독자들이 많을 것임을 인정했다. 오늘날의 독자들은 귀가 더 얇은 데다 꾸미지 않은 진리를 불편해 하기 때문에 핑크의 논조를 더욱 못마땅하게 생각할 가능성이 높다.

하지만 역사는 핑크의 입장을 옹호할 뿐 아니라 그의 경고가 조금도 지나치지 않았다는 사실을 입증한다. 오늘날의 복음주의자들 중에는 핑크가 힘써 전했던 진리들에 무관심할 뿐 아니라 복음주의 운동이 그 핵심 원리로부터 얼마나 멀리 이탈했는지조차 알지 못하는 사람들이 매우 많다. 이 사실만으로도 핑크의 예측이 너무 비관적이지도 않았고 그의 비판은 너무 심하지도 않았으며 그의 경고가 너무 도발적이지도 않았다는 점을 명백히 알 수 있다.

이제는 모든 기독교인이 이 책의 메시지에 시급히 귀를 기울여야 한다. 노샘프턴 출판사가 이 책을 좀 더 잘 정리된 형태로 출간해주어 참으로 감사하다. 맑은 정신과 겸손히 배우겠다는 태도로 이 책을 읽어주기를 당부한다. 이 책의 메시지에 귀를 기울이는 사람은 누구나 깨달은 만큼 축복을 받게 될 것이다. 이 책이 계기가 되어 형식적이고 미온적인 신앙의 위험성과 참된 구원 신앙에 관해 이전보다 더욱 진지하게 생각할 수 있는 풍토가 마련되기를 바라 마지않는다. 또한 한 걸음 더 나아가 이후 세대들을 위해 성경이 가르치는 믿음과 복음에 관한 건전한 이해를 교회 안에 회복시키는 운동에 모두가 동참해주기를 간절히 바란다.

– 존 맥아더

＋ ＋ ＋

오늘날 복음을 전하는 자들의 가장 큰 잘못은 무엇입니까? 바로 성경이 증거 하는 구원의 본질을 심각하게 왜곡하는 것입니다. 여전히 죄 가운데 머무르면서도 예수 그리스도를 구원자로 영접하기만 하면 구원이 이루어진다고 믿는 것입니다. 하지만 예수 그리스도는 진정한 회심과 더불어 성화를 그 증거로 요구하십니다. 우리는 예수 그리스도를 우리의 구원자일 뿐만 아니라 우리 삶 전 영역의 주님으로도 모셔야 합니다.

1

이 시대의 잘못된 구원관을 경계하라

SAVING FAITH

Chapter 1　오늘날 복음주의 구원관의 실상

오늘날 기독교는 어디를 향하여 가고 있습니까?

한 가지 분명한 것은 성경이 증거 하는 진짜 복음이 급속히 그 자취를 감추고 있다는 사실입니다. 영혼구원을 위하여 나누어 주는 전도지, 각종 전도 집회의 설교나 강의 등을 유심히 살펴보면 뭔가 잘못되어 가고 있다는 사실을 깨닫게 됩니다. 오늘날의 복음을 성경의 저울에 달아 보면 참된 회심에 반드시 필요한 요소가 결여되어 있음을 알 수 있습니다.

구원받기 위해서는 자기 자신이 하나님 앞에서 죄인이라는 사실을 깨달아야 합니다. 그리고 자신의 죄 문제를 해결하기 위하여 죄를 용서해 주실 수 있는 분으로 예수 그리스도를 구주로 받아들여야 합니다. 뿐만 아니라 그분 안에서 새로운 피조물이 되어 반드시 변화된 삶을 살아야 합니다. 이 세 가지 조건이 성경이 증거 하는, 구원에 이르는 믿음의 핵심 진리입니다. 그런데 오늘날의 복음에는 이 세 가지 핵심 진리가 왜곡되어 있거나 또는 전혀 언급되지 않는 것을 발견하게 됩니다.

어떤 이들을 헐뜯거나 그들의 화를 돋울 목적으로 하는 말이 절대 아닙니다. 또한 누군가에게 책임을 묻거나 비판하려는 것도 아닙니다. 오늘날의 복음은 극도로 피상적일뿐더러 복음이 가져야 할 본질의 상당 부분을 잃어버렸다고 해도 과언이 아닙니다. 죄인을 예수 그리스도에게 인도하는 복음의 분명한 근본 진리가 빠져 버렸거나 왜곡 또는 변질되어 버린 것입니다. 하나님의 거룩함보다 그분의 자비에 훨씬 큰 비중을 두거나 그분이 진노보다 그분이 사랑만 강조하는 식으로 구원에 이르는 복음의 진리의 균형은 깨어져 있습니다. 심지어는 죄를 깨닫게 하는 성경 말씀조차 언급되지 않기도 합니다.

밴드에 맞춘 흥겨운 찬양과 유쾌하고 감동적인 예화 또는 귀에 즐거운 세상 이야기가 예배의 주를 이루고 있습니다. 이러한 예배에는 죄의 어두움을 여지없이 폭로하여 복음의 빛을 환하게 드러내는 유일한 수단인 하나님의 말씀이 의식적이든 무의식적이든 생략되어 있습니다. 구원받기 위한 자신의 결단과 구원받은 삶에 합당한 희생과 헌신은 도외시하고, 예수를 믿음으로써 생기는 부차적인 이득만을 강조하는 반쪽짜리 진리가 강단에서 활개를 치고 있습니다. 게다가 그 반쪽짜리 진리조차도 잡동사니 행상인과 다름없는 일부 설교자들에 의해 헐값으로 처분되고 있습니다.

정규 신학교를 나왔다는 설교자들이 강단에서 외치는 메시지조차도 이 땅의 수많은 성도들을 잘못된 복음으로 이끌어 가고 있습니다. 이러한 잘못된 복음을 들으며 당연히 천국에 갈 것이라고 믿고 있다가, 훗날 죽음에서 깨어났을 때 천국이 아니라 지옥에 있는 자신을 발견하고 기겁하게 될 불쌍한 이들이 얼마나 많을지 심히 걱정됩니다.

죄를 엄히 다스리는 복음이 없다

무엇이 복음입니까? 하나님을 거역하고 하나님께 대항하는 자가 악한 행위를 일삼으면서도 행복하게 지낸다는 소식이 복음입니까? 쾌락에 빠진 젊은이에게 그저 '믿기만 하면' 장래에 아무것도 두려워할 게 없다고 확신시키는 것이 복음입니까? 오늘날 복음을 듣고 회심했다고 말하는 사람들의 삶을 들여다보면 이런 것들이 정말 복음인 것 같습니다.

하지만 영적 분별력이 조금이라도 있는 사람이라면, "하나님이 죄인을 사랑하시고 독생자를 통해 죗값을 지불하셨기 때문에 '단지 그리스도를 구원자로 영접하기만 하면' 과거와 현재와 미래의 모든 죄가 용서된다"라는 말이 돼지에게 진주를 던져 주는 것과 다름없는 것임을 분명히 알 수 있을 것입니다.

구원에 있어서 성경이 가르치는 중요한 사실은 복음과 율법이 별개가 아니라는 사실입니다. 복음은 그보다 앞서 주어진 하나님의 율법과 분리되지 않습니다. 복음은 하나님께서 자신이 정하신 공의의 원칙을 관대하게 변경하거나 또는 자신의 거룩함의 수준을 낮추셨음을 의미하지 않습니다. 오히려 죄에 대한 하나님의 무한한 증오와 진노 그리고 그분의 거룩하고 의로운 속성을 분명하게 드러냅니다.

이 땅에는 성경이 말하는 복음 전도자로서의 자격에 미달되는 많은 사역자들이 있습니다. 그들은 자신의 육적인 결정과 영적 교만으로 인하여 신실한 성도들도 선뜻 시작하기를 꺼려하는 목회자의 길에 아무런 거리낌 없이 성급하게 뛰어든 사람들입니다. 오늘날에는 이처럼 자격 미달의 목회자들이 양산되고 있습니다. 그리고 성도들은 이런 자격 미달자들에 의하여 세워진 교회에서 잘못되거나 변질된 복음을 듣게 됩니다. 그러다 보니 그들의 삶이 세속화되고 불완전한 구원을 붙잡게 되는 것은 너무나 당연합니다.

성경이 증거 하는 복음은 결코 죄를 가볍다고 말하지 않습니다. 오히려 하나님이 죄를 얼마나 엄하게 다스리시는지 분명히 보여 줍니다. 복음은 하나님이 죄에 대한 그분의 공의를 나타내시기 위하여 자신의 사랑하는 아들을 우리에게 보내셨다고 말합니다. 그리고 하나님이 구원하기로 선택한 백성의 죗값을 지불하셨다고 증언합니다. 또한 복음은 율법을 무효화하기는커녕 오히려 예수 그리스도께서 율법의 저주인 죄에 대한 정죄와 심판을 완전히 감당하셨다고 가르칩니다.

갈보리의 십자가는 인류의 전 역사를 통틀어 죄에 대한 하나님의 증오가 가장 무섭고 엄숙하게 드러난 사건입니다. 그런데도 삶 속에서 죄를 사랑하더라도 예수 그리스도를 구원자로 영접하기만 하면 구원을 받는다는 메시지가 복음의 권위를 높이고 하나님을 영화롭게 한다고 생각하십니까? 만일 그렇다면 여러분은 복음을 왜곡하고, 자신을 속이며, 그리스도를 모욕하고, 하나님의 은혜를 '방탕한 것'으로 바꾸는 것입니다. 이에 대하여 유다서는 다음과 같이 말하고 있습니다.

"이는 가만히 들어온 사람 몇이 있음이라 그들은 옛적부터 이 판결을 받기로 미리 기록된 자니 경건하지 아니하여 우리 하나님의 은혜를 도리어 방탕한 것으로 바꾸고 홀로 하나이신 주재 곧 우리 주 예수 그리스도를 부인하는 자니라"(유 1:4).

복음에 대한 진정한 반응이 빠져 있다

어떤 사람들은 이러한 저의 말이 다소 냉소적이고 너무 단호하다고 생각하며 이렇게 반문할 수도 있습니다. "사도 바울은 어떻게 하면 구원을 받을 수 있냐는 질문에 '주 예수를 믿으라 그리하면 너와 네 집이 구원을 받으리라'(행 16:31)고 말하지 않았습니까? 오늘날 우리도 죄인들에게 그와 같이 전하는데 무엇이 잘못이란 말입니까? 성경이 가르치는 대로 전하지 않았습니까?"

네, 사실입니다. 성경에 그렇게 기록되어 있습니다. 하지만 사도행전 16장 31절은 빌립보 간수, 즉 진정한 회심을 원했던 사람에게 주어진 말씀입니다. 그 말씀의 정황을 제대로 파악하지 못한 채 단편적인 지식만을 앞세운 사람들은 말씀 한 구절을 모든 사람에게 적용해도 문제될 것이 없다고 결론짓습니다.

분명히 알아야 될 것은 성경 해석에는 원칙이 있다는 것입니다. 성경의 문맥을 무시하면 안 됩니다. 문맥에 따라 해석하고 적용해야 합니다. 이를 위해 성경을 깊이 묵상하고 상고하고 또 오래 연구해야 합니다. 오늘날 이 땅에 무익하고 값싼 메시지가 판을 치고 있는 이유는 사람들이 바로 이 점을 무시하기 때문입니다.

사도행전 16장 31절을 살펴보십시오. 바울이 어떤 상황에서 누구에게 "주 예수를 믿으라"고 말했습니까? 일곱 가지로 나눠 생각해 볼 수 있습니다. 이 일곱 가지는 진정으로 복음을 접한 사람의 영적 특성이기도 합니다. 사도행전 16장 26-30절 말씀을 통해 살펴보도록 하겠습니다.

"이에 갑자기 큰 지진이 나서 옥터가 움직이고 문이 곧 다 열리며 모든 사람의 매인 것이 다 벗어진지라 간수가 자다가 깨어 옥문들이 열린 것을 보고 죄수들이 도망한 줄 생각하고 칼을 빼어 자결하려 하거늘 바울이 크게 소리 질러 이르되 네 몸을 상하지 말라 우리가 다 여기 있노라 하니 간수가 등불을 달라고 하며 뛰어 들어가 무서워 떨며 바울과 실라 앞에 엎드리고 그들을 데리고 나가 이르되 선생들이여

내가 어떻게 하여야 구원을 받으리이까 하거늘.″

첫째, 그는 하나님의 기적을 목격했습니다(26절). 둘째, 그는 기적을 목격하고 자포자기할 정도로 깊은 충격을 받았습니다(27절). 셋째, 그는 자신을 밝혀줄 빛을 원했습니다(29절). 넷째, 그의 자만심이 철저히 깨졌습니다(29절). 다섯째, 그는 하나님 앞에서 온당한 태도를 취했습니다(29절). 여섯째, 그는 하나님의 종들을 공경했습니다(30절). 일곱째, 그는 자신의 영혼에 관심을 기울여 다음과 같이 물었습니다 (30절).

바울에게 믿음을 권고 받은 빌립보 간수는 경솔하고 부주의하고 무관심한 사람이 아니었습니다. 그가 보여 준 태도는 그의 내면에서 이미 하나님의 권능이 역사하고 있음을 보여 주는 확실한 증거였습니다. 그의 영혼은 이미 깨어났습니다. 사도들은 이미 회개의 태도를 취하고 있는 간수에게 회개의 중요성을 강조할 필요가 없었습니다. 그는 자신의 비참한 상태를 스스로 의식하고 있었던 것입니다.

그런 사람에게 주어진 말씀을, 죄로 인하여 자신이 타락한 상태임을 인식하지 못한 채 하나님에 대해 무지한 사람들에게 적용하는 것은 매우 어리석은 일입니다. 저의 설명을 반박하기 전에 먼저 사도행전을 꼼꼼히 읽어 보기를 바랍니다. 그리고 사도들이 일반 대중이나 우상을 숭배하는 이방인에게 그저 단순히 그리스도를 믿으면 구원받는다고 말했는지 확인해 보기 바랍니다.

세상은 신약 성경 이전에 구약 성경이 필요했습니다. 유대인들은 그리스도의 사역을 경험하기 전에 그분보다 먼저 와서 회개의 메시지를 전한 세례 요한의 설교에 귀를 기울여야 했습니다. 마찬가지로 오늘날 구원받지 못한 사람들은 복음과 함께 율법을 통해 죄가 무엇이며 또한 어떻게 죄로부터 벗어나는지 분명히 깨달아야 합니다.

"그러므로 율법의 행위로 그의 앞에 의롭다 하심을 얻을 육체가 없나니 율법으로는 죄를 깨달음이니라"(롬 3:20).

삽이나 쟁기로 땅을 갈지 않고 씨앗부터 뿌린다면 그것은 공연히 시간만 낭비하는 행동일 것입니다. 자신의 육적 욕망에 사로잡혀 죄를 짓는 데 여념이 없는 사람들에게 그리스도가 베푸신 구원의 공로를 전하는 것은 돼지에게 진주를 던지는 것과 같은 행동입니다. 비신자는 먼저 그리스도의 온전한 성품과 그분의 의로운 요구가 무엇인지 깨달아야 합니다. 또 그분을 무시하고 제멋대로 살아온 죄가 얼마나 무서운지도 깨달아야 합니다.

오늘날 이 땅의 목회자들이 예수 그리스도가 우리를 죄가 아닌 지옥에 가는 것으로부터만 구원하시는 분이라고 소개한다면 그것은 구원의 본질을 심각하게 왜곡하는 것입니다. 자신의 정욕과 죄에서 구원받기는 원치 않으면서 지옥의 불못만 피하면 된다고 생각하는 사람들이 이토록 많은 이유가 바로 여기에 있습니다.

신약 성경에서 예수 그리스도를 소개하는 첫마디는 "아들을 낳으리니 이름을 예수라 하라 이는 그가 자기 백성을 그들의 죄에서 구원할 자이심이라 하니라"(마 1:21)는 말씀입니다. 그리스도는 죄의 심각성을 깨닫고 양심에 무거운 가책을 느끼며 죄짓는 자신을 혐오하고 죄의 권세에서 놓이기를 간절히 바라는 사람들을 위한 구원자입니다. 그리스도가 죄를 사랑하는 사람을 지옥에서 구원하는 분이시라면 하나님을 대적하는 사람들과 한패가 되어 그들의 사악함을 용납하시는, 죄의 사역자라는 뜻밖에 되지 않습니다. 이는 거룩한 그리스도를 모욕하는 무서운 불경죄가 아니고 무엇이겠습니까?

누군가가 "나는 그리스도께서 나를 구원하실 때 죄의 심각성을 의식하지 못했고 죄책감에 짓눌려 머리를 깊이 조아리지도 않았습니다"라고 말한다면, 저는 지체 없이 "그렇다면 당신은 아예 구원받지 못했거나 당신이 생각하는 시점에서 구원이 이루어지지 않았거나 둘 중 하나일 것입니다"라고 대답할 것입니다.

물론 그리스도인은 은혜 가운데 성장하면서 죄의 정체가 하나님께 대한 반역이라는 사실을 깨닫고 더욱 깊이 죄를 슬퍼하거나 미워하게 됩니다. 하지만 성령의 역사를 통해 양심의 가책을 느끼고 하나님 앞에서 죄를 깊이 뉘우친 적 없는 사람이 그리스도에 의해 구원받을 수 있다는 생각은 분명히 잘못된 것입니다.

예수님은 "건강한 자에게는 의사가 쓸 데 없고 병든 자에게라야 쓸 데 있느니라"(마 9:12)고 말씀하셨습니다. 오직 병으로 고통을 당하는 사람, 하나님을 욕되게 하는 일과 영혼을 더럽히는 죄악에서 구원받기 원하는 사람만이 영혼의 위대한 의사이신 주님의 구원을 간절히 구할 수 있습니다.

죄에 대한 회개가 없다

예수 그리스도의 구원은 죄의 권세, 죄로 인한 수치와 형벌 또한 죄를 사랑하는 마음으로부터의 구원을 의미합니다. 따라서 복음을 증거 하는 자들의 가장 중요한 사명은 죄가 무엇인지 알려 주는 것과 그 죄로부터의 구원에 대해 설교하는 것입니다. 다시 말해서 죄 문제를 설교의 주제로 삼아 죄의 본질을 규명하고 죄의 심각성을 밝히며 마음에서 이루어지는 죄의 다양한 작용을 설명하고 죄의 대가가 영원한 형벌뿐이라는 사실을 알리는 것입니다.

이 책을 읽는 사람들 중에는 "죄에 대한 평범한 사실 몇 가지를 나열하는 데 그치지 않고 매번 설교할 때마다 하나님이 죄를 어떻게 보시는지 설명하면 교인들이 불편해하지 않을까? 그런 설교는 틀림없이 외면당할 거야. 교인수가 줄어들어 헌금이 적게 걷히면 목회 사역을 순조롭게 해 나가기도 어렵겠지"라고 생각하는 사람이 있을 것입니다. 하지만 적당히 포장된 설교로 육신을 만족시켜 성령님을 내쫓기보다는 진실한 설교로 사람들의 죄를 내쫓는 편이 훨씬 낫습니다.

오늘날 복음을 전하는 자들 가운데 그리스도의 구원을 잘못 전하는 수많은 사람들이 있습니다. 구원은 죄인이 아무것도 할 필요 없이 가만히 있어도 은혜로 값없이 주어지는 선물이기 때문에 그저 믿기만 하면 된다고 가르치는 사람들이 있습니다. 그러나 예수께서는 구원에 대하여 그렇게 말씀하신 적이 없습니다. 소위 정규 신학교에서 신학을 배웠다는 목회자들 중에서도 이러한 구원관을 설교하는 사람들이 있습니다. 이런 변질된 복음이 거짓과 오류 못지않은 반쪽 진리에 불과하다는 저의 주장에 대하여 이 땅의 많은 사역자들이 그것은 행위로 말미암은 구원을 전파하는 것이며 또한 그리스도의 완성된 구원 사역을 모욕하는 것이라는 비난을 저에게 퍼부을 것입니다. 하지만 저는 그러한 위험을 무릅쓸 준비가 되어 있습니다.

물론 구원은 오직 은혜로 주어집니다. "그리스도께서 죄인을 위해 모든 것을 이루셨다"라는 말은 성경이 증거 하는 사실입니다. 타락한 인간은 어떤 공로를 세우더라도 행위로는 하나님께서 주시는 구원의 은혜를 받을 수 없습니다. 하지만 하나님의 은혜는 거룩함의 원칙을 거스르지 않습니다. 왜냐하면 은혜는 죄와 타협하지 않기 때문입니다. 구원은 값없이 주어지는 은혜입니다. 그러나 그것은 죄를 깨닫고 자신의 빈손을 주님에게 내미는 사람에게만 주어지는 선물이지, 손으로 세상을 부여잡고 있는 사람에게 주어지는 선물이 아닙니다.

탕자의 예를 보십시오. 그는 돼지가 먹는 쥐엄 열매로 허기를 채우는 비참함을 겪은 후에야 먼 타국을 떠나 다시 아버지에게 돌아올 수 있었습니다. 이는 죄인이 스스로 해야 할 행동입니다. 물론 그런 행동을 한 대가로 구원받는 건 아니지만 그런 행동을 하지 않으면 구원받을 수 없는 것 또한 사실입니다. 탕자가 아버지께 죄를 지은 상태로 여전히 먼 타국에 머물러 있었다면 그는 자신에게 입을 맞추고 가락지를 끼워 준 아버지의 은혜를 받지 못했을 것이 분명합니다.

　구원은 '믿는 것' 이상의 믿음의 행위를 요구합니다. 하나님을 대적하는 강퍅한 마음이 아직 남아 있다면 이는 구원에 이르는 신앙이 아닙니다. 먼저 그 마음이 진정한 복음의 말씀으로 깨져야 합니다. 예수님은 "너희도 만일 회개하지 아니하면 다 이와 같이 망하리라"(눅 13:3)고 말씀하셨습니다. 구원받으려면 믿음에 동반된 죄에 대한 회개가 반드시 필요합니다. 이는 선택 사항이 아니라 필수 사항입니다. "뉘우쳐 믿지 아니하였도다"(마 21:32)라는 말씀대로 먼저 회개하지 않으면 믿음을 가질 수 없습니다. 예수님은 "회개하고 복음을 믿으라"(마 1:15)는 말씀으로 구원의 순서를 분명히 밝히셨습니다.

　회개는 죄를 깨닫고 그 죄를 슬퍼하는 것이며, 마음으로 죄를 거부하는 것입니다. 또한 회개는 기필코 죄를 버리겠다는 마음의 결심입니다. 죄를 거부할 때 하나님이 요구하시는 거룩함에 이르게 되므로 참 회개가 이루어지는 곳에는 값없는 은혜의 사역이 이루어집니다.

　따라서 복음을 전하는 사역자들은 "악인은 그의 길을, 불의한 자는 그의 생각을 버리고 여호와께로 돌아오라 그리하면 그가 긍휼히 여기시리라"(사 55:7) 고 외쳐야 할 의무가 있습니다. 이 의무는 하나님이 사역자들에게 부여하신 거룩한 의무입니다. 복음을 듣는 사람들에게 하나님을 대적하는 죄의 무기를 내려놓고 그리스도 안에서 그분의 은혜와 긍휼을 구하라고 권해야 합니다.

    오늘날 교회의 문제점은 무엇입니까? 복음 아닌 복음을 전하고 있다는 것입니다. 즉, 구원의 방법이 잘못 제시되고 있다는 것입니다. 복음을 전하는 대부분의 사람들은 지옥의 형벌을 모면하고 천국에 들어가려면 "그리스도를 구원자로 영접해야 한다"라고 말합니다. 그러나 그런 가르침은 잘못된 것입니다. 그것은 진수에서 벗어난 껍데기만 남은 복음에 불과하며, 복음이라고 할 수 없습니다. 왜냐하면 그리스도를 주님으로 인정하지 않은 채 구원자로만 영접할 수는 없기 때문입니다.

    물론 어떤 설교자는 그리스도를 구원자로 영접하게 되면 차츰 그분을 주님으로 깨닫게 되며 또한 복종하게 된다고 말합니다. 그러나 이것은 죄에 대한 회개를 통하여 그리고 삶을 통하여 그리스도께 복종하지 않아도 천국 가는 데는 지장이 없다고 말하는 것과 같습니다. 이것은 마귀의 거짓말 가운데 하나입니다. 그리스도의 권위를 무시하고 그분의 멍에를 거부하더라도 구원받을 수 있다고 말하는 사람은 영적 소경입니다. 그리스도께서 죄와 불의를 용납하신다고 말하는 것은 그분의 은혜를 강조하는 것이 아니라 오히려 그분의 은혜를 떨어뜨리고 그분을 수치스럽게 만드는 것입니다.

그리스도를 주님과 구원자로 영접하지 않는다

그리스도께서 행하시는 일은 하나님의 영광을 보존하고 그분의 통치에 협력하며 또한 그분의 율법을 집행하는 것입니다. 그리스도의 두 가지 호칭을 언급하는 누가복음 1장 46-47절, 사도행전 5장 31절('임금과 구주'), 베드로후서 1장 11절과 2장 20절, 3장 18절을 읽어 보면 그리스도께서 '구원자와 주님'이 아니라 항상 '주님과 구원자'로 일컬어짐을 발견할 수 있습니다. 따라서 그리스도의 왕권에 복종하고 그분을 마음과 삶의 보좌에 모시지 않으면서 그분을 구원자로 믿고 있다고 생각하는 사람은 스스로를 속이는 것입니다.

하나님이 그 미몽을 깨우쳐 주시지 않는 한 "오른손에 거짓 것"(사 44:20)을 들고 영원한 멸망에 들어가고 말 것입니다. 그리스도께서는 "자기에게 순종하는 모든 자에게 영원한 구원의 근원"(히 5:9)이 되십니다. 하지만 그분의 주권에 복종하지 않는 사람은 "이 사람이 우리의 왕 됨을 원하지 아니하나이다"(눅 19:14)라고 말하는 것과 같습니다. 이 책을 읽는 이 순간 솔직하게 자신의 삶을 생각해 보시기 바랍니다. 당신은 주님의 뜻에 복종하고 있습니까? 또한 진정으로 그분의 말씀을 지키려고 애쓰고 있습니까?

참으로 안타깝게도 오늘날 많은 사람들이 예수님께서 성경을 통하여 제시하신 '구원의 방법'을 잊어버리고 있습니다. 예수님께서 제시하시는 구원을 잘못 선하는 사람들과, 구원의 본질을 오해하는 사람들이 이 땅에는 너무나도 많습니다. 그들은 자신들이 천국을 향해 가고 있다고 믿고 있지만, 사실 그들은 지옥으로 가는 발걸음을 재촉하는 사람들이라고 할 수 있습니다.

오늘날 기독교가 가는 길이 어떻습니까? 교회는 어디를 향하여 나아가고 있습니까? 또한 여러분은 어디에 서 있습니까? 오늘날 교회의 영적 상황은 매우 심각하다고 할 수 있습니다. 물론 저는 성경의 예언을 가지고 이러저러한 사변을 일삼고 싶지는 않습니다. 섣불리 앞날을 예측했다가 스스로 어리석음에 빠져드는 실수는 범하고 싶지는 않습니다. 다만 저는 바른 복음을 증거 하는 것이야말로 시대를 막론하고 가장 중차대한 사명이라고 믿습니다. 그러기에 하나님이 우리들에게 새로운 영적 부흥을 허락하시지 않는 한 머지않아 "어둠이 땅을 덮을 것이며 캄캄함이 만민을 가리"(사 60:2)는 결과가 도래하지 않을까 무척 염려스럽습니다.

그렇다면 이런 시대적 상황 앞에서 하나님의 백성이 해야 할 일은 무엇일까요? 그것은 "열매 없는 어둠의 일에 참여하지 말고 도리어 책망"(엡 5:11)하는 것입니다. 어둠이란 말씀의 빛을 거부하는 모든 것을 가리킵니다. 오늘날의 어둠은 무엇입니까? 그것은 변질되고 왜곡된 복음입니다. 우리는 이러한 어둠을 거부해야 합니다. 변질되고 왜곡된 복음을 전하는 설교자는 빛이 아니라 어둠을 전하는 자들입니다. 진정으로 자신의 죄를 회개하지 않아도 또는 그리스도의 주권에 절대적으로 복종하지 않아도 구원을 받을 수 있다고 주장하는 설교자는 거짓 복음을 전하는 자들입니다. 이런 자들은 행위로 구원을 얻고 또한 스스로의 노력으로 천국에 갈 수 있다고 주장하는 사람 못지않게 위험한 잘못을 범하고 있는 것입니다.

✢ ✢ ✢

구원 신앙의 핵심은 죄로 인하여 생겨난 자기중심적인 생각과 삶을 버리고 구원자와 주님 되시는 그리스도의 절대 주권을 인정하는 것입니다. 자신의 마음과 삶으로 그리스도의 통치에 온전히 복종하고 그분의 말씀에 순종하는 삶을 사는 것으로 증명되는 신앙이 바로 구원 신앙입니다.

2

구원 신앙이란
무엇인가?

Chapter 1

참 구원 신앙과 거짓 구원 신앙

그리스도를 단순히 믿는다 해서 그것이 다 구원 신앙이 아닙니다. 성경은 그리스도의 속죄 사역을 의지하는 것 같아 보이고 성령의 능력을 경험한 것 같아 보여도 구원 신앙을 가지지 못한 경우가 얼마든지 있다고 가르치고 있습니다.

"믿고 세례를 받는 사람은 구원을 얻을 것이요 믿지 않는 사람은 정죄를 받으리라"(막 16:16)는 말씀은 부활하신 그리스도께서 부활하신 후 하늘로 올라가시기 전에 마지막으로 하신 말씀입니다. 이 구절은 우리 인생의 영원한 행복과 불행 또한 생명과 죽음이라는 인간의 궁극적인 운명을 다루고 있기에 우리는 이 말씀을 최대한 주의 깊게 살펴봐야 합니다. 이 구절은 구원을 얻는 데 가장 중요한 요소가 믿음이고, 구원을 얻지 못하고 정죄 받는 가장 크고 저주스러운 죄가 불신앙이라고 말하고 있습니다. 율법은 죽음의 형벌이 죄의 결과로서 반드시 뒤따른다고 경고하며 죄를 범한 모든 사람에게 사형을 선고했습니다. 이 말씀은 이미 믿는 자를 제외한 모두에게 적용될 만큼 절대적입니다.

여기에서 그리스도는 생명을 얻는 조건에 관해 말씀하십니다. 이 조건은 믿음이라는 1차 조건과 세례라는 2차 조건으로 구성되어 있습니다. 세례가 2차 조건인 이유는 이것이 생명을 얻는 데 믿음만큼 필수적이지 않기 때문입니다. 이 말씀의 후반부가 "세례를 받지 않는 사람은 정죄를 받으리라"가 아닌 "믿지 않는 사람은 정죄를 받으리라"로 되어 있는 것, 즉 세례가 언급되지 않은 것이 바로 그 증거입니다. 믿음은 구원에 있어서 필수 불가결한 조건이지만, 세례는 믿음이 전제되지 않는 한 정죄를 받게 됩니다. 따라서 이를 반드시 기억하시기 바랍니다. 세례를 받고 교회의 회원이 되었다고 해서 자동적으로 정죄 받지 않는 것이 아닙니다.

하나님은 정의의 칼을 뽑아 드시고 내리칠 때를 기다리고 계십니다. 그리스도를 믿는 구원 신앙 외에는 그 칼을 되돌릴 방법이 없습니다. 자신이 하나님 앞에서 죄인이라는 사실을 깨닫지 못하고 계속해서 불신앙을 고집한다면 그 사람은 이 세상에서 소망도 없고 하나님도 없는 삶을 살다가 결국에는 영원한 멸망을 맞게 될 것입니다.

이렇듯 믿음이 생명을 얻는 필수 조건이고 불신앙이 무시운 죽음의 형벌을 가져다주는 것이라면 우리는 믿음이 무엇인지 또한 구원 신앙의 본질이 무엇인지 진지하게 살펴봐야 합니다. 왜냐하면 그리스도를 단순히 믿는다고 다 구원 신앙이 아니기 때문입니다. 이처럼 중요한 문제를 앞에 두고 스스로 속는 사람이 있습니다. 그리스도를 구원자로 영접하고 그분이 이루신 속죄 사역을 의지한다고 믿지만 실상은 모래성을 쌓고 있는 사람이 얼마나 많은지 모릅니다. 또한 예수 그리스도를 통해 하나님의 자녀로 선택받아 완전한 구원을 보장받았다고 믿지만, 안락한 꿈에서 깨어난 순간 차디찬 죽음의 손아귀에 붙들려 경악하게 될 사람도 수없이 많을 것입니다. 그러나 안타깝게도 그때는 이미 늦습니다. 따라서 성경이 증거 하는 진정한 구원 신앙이 무엇인지 알고 그 믿음 안으로 들어와야 합니다.

거짓 구원 신앙의 모습

참 구원 신앙과 거짓 구원 신앙은 매우 흡사해서 당사자는 물론 영적 분별력이 있는 사람도 혼동할 수 있습니다. 사도행전에 나타난 마술사 시몬이 대표적인 경우입니다.

"시몬도 믿고 세례를 받은 후에 전심으로 빌립을 따라다니며 그 나타나는 표적과 큰 능력을 보고 놀라니라"(행 8:13).

빌립은 시몬이 나름대로 믿음을 보였기에 그를 참 신자로 여기고 신자가 되는 특권을 누리도록 허락했습니다. 하지만 얼마 지나지 않아 베드로는 "하나님 앞에서 네 마음이 바르지 못하니 이 도에는 네가 관계도 없고 분깃 될 것도 없느니라……내가 보니 너는 악독이 가득하며 불의에 매인 바 되었도다"(21-23절)라고 말했습니다.

성경을 오랫동안 연구하여 다른 사람이 도달하지 못한 믿음의 높은 경지에 오른 사람이 있다고 가정합시다. 그는 성경에 대한 탁월한 이해와 지식을 바탕으로 누구보다 폭넓은 믿음을 지녔습니다. 그들은 "나는 그들이 이단이라 하는 도를 따라 조상의 하나님을 섬기고 율법과 선지자들의 글에 기록된 것을 다 믿으며"(행 24:14)라고 말한 사도 바울처럼 모든 것을 다 믿습니다. 하지만 이것조차도 구원 신앙을 지녔다는 증거가 될 수는 없습니다. 아그립바 왕이 바로 그런 사람에 해당합니다. 바울은 그에게 "아그립바 왕이여 선지자를 믿으시나이까 믿으시는 줄 아나이다"(행 26:27)라고 말했습니다.

지금까지 말한 신앙을 이른바 역사적 신앙이라 할 수 있습니다. 이 신앙은 교육이나 자력으로 얻지 못할 두 요소, 즉 생각을 움직여 믿음에 이르게 하는 신령한 빛과 성령의 능력을 내포합니다. 하지만 성경은 심지어 성령의 능력을 경험하고도 구원 신앙을 지니지 못하는 경우가 얼마든지 가능하다고 가르칩니다. 성령의 조명과 마음의 감동을 통해 믿음을 갖게 되었지만 중생의 체험을 하지 않은 경우가 바로 그것입니다. 이에 대한 증거로 "한 번 빛을 받고 하늘의 은사를 맛보고 성령에 참여한 바 되고 하나님의 선한 말씀과 내세의 능력을 맛보고도 타락한 자들은 다시 새롭게 하여 회개하게 할 수 없나니"(히 6:4-6)라는 말씀이 있습니다. '빛을 받고 하늘의 은사를 맛보았다'라는 것은 그들이 '성령에 참여한 바 된' 덕분에 진리를 인식했을 뿐 아니라 마음으로 받아들였음을 의미합니다.

사람들은 성령의 역사와 성경에 근거한 신령한 믿음을 지닐 수 있습니다. 그들은 하나님의 말씀을 믿음의 토대로 삼고 굳센 확신으로 의지합니다. 성경이 거짓 없는 하나님의 말씀이며, 믿음이 합리적이고 확실하다는 사실을 온전히 믿기 때문에 자신이 믿고 있는 바를 전적으로 의지합니다. 성경을 하나님의 말씀으로 믿는 것은 신령한 믿음입니다. 이스라엘 백성도 하나님이 베푸신 기적으로 애굽과 홍해에서 구원을 경험한 뒤에 그런 믿음을 가졌습니다. 성경은 "이스라엘이 여호와께서 애굽 사람들에게 행하신 그 큰 능력을 보았으므로 백성이 여호와를 경외하며 여호와와 그의 종 모세를 믿었더라"(출 14:31)고 말씀합니다. 하지만 그들 중 다수는 시체가 광야에 엎드러진 범죄한 자, 하나님의 안식에 들어가지 못한 자, 곧 순종하지 아니하던 자였습니다(히 3:17-18).

성경을 자세히 살펴보면 하나님을 믿었음에도 불구하고 구원받지 못한 사람이 참으로 많았다는 사실을 알 수 있습니다. 하나님은 "띠가 사람의 허리에 속함 같이 내가 이스라엘 온 집과 유다 온 집으로 내게 속하게 하여 그들로 내 백성이 되게 하며 내 이름과 명예와 영광이 되게 하려 하였으나"(렘 13:11)라고 말씀하셨습니다. 여기에서 "속하게 하여"라는 말은 하나님을 믿게 했다는 의미입니다. 하지만 하나님은 당시의 이스라엘 백성에게 "이 악한 백성이 내 말 듣기를 거절하고 그 마음의 완악한 대로 행하며 다른 신들을 따라 그를 섬기며 그에게 절하니 그들이 이 띠가 쓸 수 없음 같이 되리라"(렘 13:10)고 말하였습니다.

"그 날에 이스라엘의 남은 자와 야곱 족속의 피난한 자들이 다시는 자기를 친 자를 의지하지 아니하고 이스라엘의 거룩하신 이 여호와를 진실하게 의지하리니"(사 10:20)라는 말씀이나 "주께서 심지가 견고한 자를 평강하고 평강하도록 지키시리니 이는 그가 주를 신뢰함이니이다"(사 26:3)라는 말씀에 나오는 '의지하다'와 '신뢰하다' 역시 확고한 믿음을 의미합니다. 또 이사야 48장 2절도 이스라엘 백성을 가리켜 "그들은 거룩한 성 출신이라고 스스로 부르며 이스라엘의 하나님을 의지한다"라고 말했습니다.

이것을 구원 신앙이 아니라고 의심할 사람이 누가 있겠습니까? 하지만 하나님은 그들을 향해 "내가 알거니와 너는 완고하며 네 목은 쇠의 힘줄이요 네 이마는 놋이라"(사 48:4)고 말씀하셨습니다.

"그의 사랑하는 자를 의지하고(기대고) 거친 들에서 올라오는 여자가 누구인가"(아 8:5)라는 말씀의 '기대다' 역시 하나님을 믿고 의지하는 것을 뜻합니다. 구원받지 못한 사람에게 그런 표현을 적용할 수 있겠습니까? 하지만 하나님은 친히 말씀하셨습니다.

"야곱 족속의 우두머리들과 이스라엘 족속의 통치자들 곧 정의를 미워하고 정직한 것을 굽게 하는 자들아 원하노니 이 말을 들을지어다"(미 3:9).

"그들의 우두머리들은 뇌물을 위하여 재판하며 그들의 제사장은 삯을 위하여 교훈하며 그들의 선지자는 돈을 위하여 점을 치면서도 여호와를 의뢰하여 이르기를 여호와께서 우리 중에 계시지 아니하냐 재앙이 우리에게 임하지 아니하리라 하는도다"(미 3:11).

오늘날에도 추잡하고 속된 삶을 살면서 그리스도께서 자신을 붙잡아 주시기 때문에 지옥에 떨어지거나 재앙을 당하지 않을 것이라고 확신하는 사람이 얼마나 많은지 모릅니다. 하지만 그런 확신은 한마디로 어리석은 생각입니다.

구원받지 못한 사람도 큰 절망이나 위기가 닥치면 예상 밖의 믿음으로 하나님을 신뢰하기도 합니다. 그러한 예가 성경에 기록되어 있습니다. 산헤립이 큰 군대를 이끌고 유다 성읍을 포위했을 때 히스기야는 이스라엘 백성에게 "마음을 강하게 하며 담대히 하고 앗수르 왕과 그를 따르는 온 무리로 말미암아 두려워하지 말며 놀라지 말라 우리와 함께 하시는 이가 그와 함께 하는 자보다 크니 그와 함께 하는 자는 육신의 팔이요 우리와 함께 하시는 이는 우리의 하나님 여호와시라"(대하 32:7-8)고 말했습니다. 이에 백성은 "유다 왕 히스기야의 말로 말미암아"(8절) 안심했습니다. 이스라엘 백성이 히스기야의 말에 안심했다는 것은 그들이 그가 전한 하나님의 말씀을 믿었다는 뜻입니다. 하지만 그로부터 15년이 채 못 되어 그들은 하나님이 멸하신 모든 나라보다 '더욱 심하게' 악을 행했습니다(대하 33:9). 이는 하나님의 약속을 단순히 믿는 것 자체가 진정한 중생의 증거는 아니라는 사실을 일깨워 줍니다.

거듭나지 못한 사람도 하나님의 언약을 믿을 수 있습니다. 대표적인 경우가 유다의 아비야 왕입니다. 역대하 13장에서 여로보암 왕의 군대가 쳐들어왔을 때 아비야 왕이 했던 말을 생각해 보면 참으로 흥미롭습니다. 첫째, 그는 이스라엘 백성에게 하나님이 "소금 언약"으로 나라를 다윗과 그의 자손에게 주셨다는 사실을 상기시켰습니다(대하 13:5). 둘째, 그는 자신을 대적하는 여로보암 왕의 죄를 엄중히 꾸짖었습니다(6-9절). 셋째, 그는 하나님이 "우리 하나님"이기에 자신과 유다 백성의 편에 서신다고 확신했습니다(10-12절).

그러나 성경은 "아비야와 그의 백성이 크게 무찌르니……이는 그들이 그들의 조상들의 하나님 여호와를 의지하였음이라"(17-18절)와 같은 행동을 보였던 아비야 왕을 "그의 아버지가 이미 행한 모든 죄를 행하고"(왕상 15:3)라고 평가했습니다. 거듭나지 못한 사람도 어느 한 순간에는 하나님을 의지하고 그리스도를 믿으며 그분의 약속과 언약을 신뢰할 수 있습니다.

요나서 3장 5절에 "니느웨 사람들이 하나님을 믿고"라는 말씀이 나옵니다. 하나님을 알지 못하고 그분이 보내신 선지자도 알지 못했던 니느웨 사람들이 그런 믿음을 보였다니 참으로 놀랍기 그지없습니다. 그들은 어떻게 하나님의 메시지를 믿었을까요? 더욱이 그분의 메시지가 축복의 약속이 아니라 심판의 경고였는데도 말입니다.

그러니 복음 아래에 사는 오늘날에는 복음의 약속을 믿는 것이 훨씬 더 쉽지 않겠습니까?

청교도 목사요 신학자였던 존 오웬과 함께 사역했던 데이비드 클락슨은 1680년에 이렇게 말했습니다.

> 심판의 경고가 주어지면 안팎에서 큰 반발이 일어나게 마련이다. 심판의 경고는 마치 쓴 약처럼 죽음의 맛을 지니고 있기 때문에 좀처럼 삼키기 어렵다. 따라서 우리는 안에서부터 그것을 거부할 수밖에 없다. 아울러 밖에서도 반발이 일어난다. 사탄이 쌍수를 들고 그것을 막으려 소란을 피우기 때문이다. 사탄은 사람들이 심판의 경고를 통해 자신의 비참한 운명을 깨닫고 피할 길을 찾을까 봐 노심초사한다. 사탄은 사람들에게 안정감을 주어 그들이 심판의 경고에 귀를 기울이지 않게 하려고 애쓴다.
>
> 이와 달리 약속의 말씀은 대개 아무런 반발도 일으키지 않는다. 사람들은 복음의 정수인 용서와 생명에 대한 약속을 안에서부터 그저 달콤하게 받아 삼킨다. 사탄도 반발하기는커녕 약속의 말씀을 그릇 적용하도록 옆에서 힘껏 돕는다. 왜냐하면 그것이야말로 사람들을 자연 상태 그대로 머물게 하는 가장 좋은 방법임을 알기 때문이다. 약속의 말씀을 그릇 적용하는 것은 무덤을 봉인하는 것과 같다. 그것은 죄의 무덤 속에서 영혼이 죽은 채로 널브러져 썩어 가도록 내버려 두는 것이다.
>
> 이렇듯 심판의 경고는 약속의 말씀보다 받아들이기가 훨씬 어렵다. 따

라서 니느웨 백성의 경우처럼 거듭나지 못한 사람들이 심판의 경고를 받아들였다면 복음의 약속은 아무 반발 없이 수월하게 받아들일 가능성이 더 높지 않겠는가?

신앙이 있는 것처럼 보이나 사실은 구원 신앙이 아닌 경우가 또 하나 있습니다. 예수님의 비유에 등장하는 바위 위에 뿌려진 씨앗이 바로 그것입니다. 그리스도께서는 "잠깐 믿다가"(눅 8:13)라는 표현을 사용하셨습니다. 이러한 신앙인은 "말씀을 듣고 즉시 기쁨으로"(마 13:20) 받는 부류에 속합니다. 그런 사람들의 얼굴에는 희색한 빛이 감돌고 온몸 가득 의욕과 열정이 넘칩니다. 좋은 밭에 뿌려진 씨앗들, 즉 참된 신자들과 구별하기가 매우 어려울 정도로 말입니다. 실제로 그들은 표면 아래에 감추어져 있기 때문에 둘의 차이를 분명하게 알아보기는 쉽지 않습니다. 하지만 바위 위에 뿌려진 씨앗에는 뿌리가 없기 때문에 땅을 파보면 그 차이를 알 수 있습니다. 그러므로 자기 안에 진정한 구원의 뿌리가 있는지 스스로 살펴보아야 할 것입니다.

이뿐만이 아닙니다. 훨씬 더 분별하기 어려운 경우가 있습니다. 그리스도를 구원자로 기꺼이 받아들이면서도 그분을 주님으로 인정하기를 거부하며 그분의 명령과 계명에 순종하지 않는 사람도 있지만, 놀랍게도 그리스도를 주님으로 인정하지만 여전히 거듭나지 않은 사람도 있습니다. 이를 뒷받침하는 성경 말씀은 다음과 같습니다.

"그 날에 많은 사람이 나더러 이르되 주여 주여 우리가 주의 이름으로 선지자 노릇 하며 주의 이름으로 귀신을 쫓아 내며 주의 이름으로 많은 권능을 행하지 아니하였나이까 하리니 그 때에 내가 그들에게 밝히 말하되 내가 너희를 도무지 알지 못하니 불법을 행하는 자들아 내게서 떠나가라 하리라"(마 7:22-23).

이처럼 그리스도를 주님으로 알고 복종하며 그분의 이름으로 기적을 행하는 사람, 심지어 행동으로 믿음을 보인 사람들 중에도 구원받지 못하는 사람들이 있음을 성경은 분명히 증거 하고 있습니다.

거짓 구원 신앙의 특징

그렇다면 거짓 구원 신앙의 특징은 무엇이겠습니까?

무엇이 구원받지 못하는 신앙이고 무엇이 구원받는 신앙인지를 분명히 구분하는 것은 그리 쉬운 일이 아닙니다. 왜냐하면 구원 신앙이 그리스도를 대상으로 하는 것처럼 구원받지 못하는 신앙도 그리스도를 대상으로 삼으며, 구원 신앙이 성령의 역사로 이루어지는 것처럼 구원받지 못한 신앙도 성령의 역사로 이루어진 것처럼 보이기 때문입니다. 또한 구원 신앙이나 구원받지 못하는 신앙이나 모두 하나님의 말씀에 근거하며 둘 다 주님의 재림을 기다립니다. 미련한 처녀들과 슬기로운 처녀들이 모두 "다 일어나 등을 준비"(마 25:7)했다는 말씀에서 알 수 있듯이 말입니다. 구원 신앙에도 기쁨이 뒤따르고 구원받지 못하는 신앙에도 기쁨이 뒤따릅니다.

이 글을 읽는 분들 가운데 이런 말로 인하여 마음이 불안해지거나 또는 몹시 곤혹스러워지는 분들도 있을 것입니다. 은혜로우신 주님께서 그런 분들의 심령에 위로를 주시기를 바랍니다.

그리스도를 믿는 것 같지만 구원에 이르지 못한 신앙을 향해 성경은 "허탄한 마음에 미혹되어 자기의 영혼을 구원하지 못하며"(사 44:20), "너의 마음의 교만이 너를 속였도다"(옵 1:3), "미혹을 받지 않도록 주의하라"(눅 21:8), "만일 누가 아무 것도 되지 못하고 된 줄로 생각하면 스스로 속임이라"(갈 6:3)와 같은 말씀으로 경고하고 있습니다. 사탄은 사람들이 구원 신앙을 가지고 있지 않으면서도 가진 것처럼 착각하게 만드는 일에 자신의 책략과 능력을 가장 맹렬하게 쏟아 부어 크게 성공하곤 합니다.

마귀는 다른 책략을 모두 합친 것보다 이 한 가지 책략으로 더 많은 영혼을 속입니다. 지금 이 글을 읽는 독자들 중에도 사탄에게 속아 "내게는 해당되지 않아. 난 구원 신앙이 확실해"라고 말하는 사람이 참으로 많을 것입니다. 사단은 그런 식으로 우리가 하나님의 말씀에 무디어져서 불신앙에 머물도록 유도합니다. 또한 사탄은 그들로 하여금 심판의 경고에는 귀를 닫은 채 약속의 위로만 믿으면서 스스로 안전한 방주에 머물고 있다고 안심하게 만듭니다. 그는 "믿음 안에 있는가 너희 자신을 시험하고 너희 자신을 확증하라"(고후 13:5)는 성경의 유익한 권고에 귀를 기울이지 못하도록 방해하는 것입니다.

그렇다면 거짓 구원 신앙의 특징은 어떤 것들인지 살펴보도록 하겠습니다.

첫째, 거짓 구원 신앙은 종말에만 관심을 둡니다. 이런 신앙은 예수 그리스도께서 자신을 지옥으로부터 구원하신다는 사실만 믿습니다. 따라서 이런 신앙은 그리스도께서 죄로 인하여 완전히 부패한 자신의 영적 상태를 전인격적으로 구원하셨다는 사실을 외면합니다. 거짓 구원 신앙의 소유자들은 장차 다가올 진노에서 구원받기를 원할 뿐 죄로 인하여 자기 안에 있는 죄의 성품과 고집 그리고 이 세상에서 자신이 추구하는 자기만족을 포기하려고 하지 않습니다. 하지만 주님은 인간의 뜻에 좌지우지되시는 분이 아닙니다. 구원을 받으려면 우리는 그분의 뜻에 철저히 복종해야 합니다. 그리스도께서는 죄의 심판은 물론이요 죄의 영향력과 더러움에서도 우리를 구원하십니다. 죄의 본질은 하나님에 대한 반역과 거짓이며, 또한 우리 자신의 뜻을 고집하는 것입니다. 그러므로 그리스도의 구원이 이루어지는 곳에서는 자기 고집이 깨어지고 그분을 기쁘게 해드리려는 진실하고 강력하고 지속적인 소원과 결단이 일어납니다.

둘째, 거짓 구원 신앙은 그리스도를 둘로 나눕니다. 이런 신앙의 소유자들은 그리스도를 구원자로만 받아들일 뿐입니다. 그들은 인생에 있어서 그분을 자신의 주님으로 받아들이며 섬기는 것은 원하지 않습니다. 설사 받아들이더라도 그분의 절대주권을 좀처럼 인정하지 않습니다. 하지만 그리스도를 주님으로 받아들이면서 그분의 절대주권을 인정하지 않는 것은 있을 수 없는 일입니다. 그리스도는 모든 것의 주님이시거나 아니시거나 둘 중 하나입니다. 그런데도 신앙인을 자처하는 사람들 가운데 그리스도의 주권을 제한하는 이들이 많이 있습니다. 그들은 주님의 주권이 육욕이나 속된 이기심이 원하는 자유를 침해하지 않기를 바랍니다. 주님의 평화만을 탐할 뿐 그분의 멍에는 환영하지 않습니다. 자신의 세상적 즐거움을 위하여 삶 속에서 무엇을 얻고 무엇을 포기하는 것인지를 모르는 자들입니다.

셋째, 거짓 구원 신앙은 칭의를 원할 뿐 성화는 반기지 않습니다. "온 영과 혼과 몸"(살전 5:23)을 온전히 거룩하게 하는 삶을 추구하지 않을 뿐만 아니라, 추구한다 해도 성화의 범위를 자신의 뜻과 욕심에 따라 극히 일부로 제한합니다. 이런 신앙의 소유자는 마음을 성결하게 하며 교만과 탐욕을 억제하는 것을 마치 한쪽 눈을 뽑는 것처럼 어렵게 생각합니다. 그늘은 육신을 죽이는 일을 탐탁지 않게 생각합니다. 또한 그리스도께서 정화의 불이 되어 육신의 정욕을 불사르고 찌꺼기를 걷어 내며 옛 본성을 완전히 깨뜨리고 영혼을 녹여 새로운 피조물로 거듭나게 하시는 역사를 원하지 않습니다. 그들은 자기를 부인하고 날마다 십자가 지는 삶을 몹시 싫어합니다.

넷째, 거짓 구원 신앙은 그리스도를 제사장으로만 인정할 뿐 그분을 왕으로 모시기를 원하지 않습니다. 이런 신앙의 소유자에게 그리스도께서 무엇을 요구하시든 복종하겠냐고 물어본다면, 그들은 확신에 찬 어조로 그렇게 하리라고 대답할 것입니다. 그러나 실제로 그들에게 주님의 계명과 명령을 구체적으로 제시하며 따르기를 요구하면 그들은 "그것은 율법주의이다"라거나 "모든 일에 완전할 수는 없는 법이다"라고 대답할 것이 뻔합니다. 그들에게 그리스도인이 따라야 할 의무를 제시하면 그들은 그중 마음에 드는 것들은 기꺼이 이행합니다. 그러나 그렇지 않거나 민감하게 생각되는 것은 거부합니다. 헤롯은 세례 요한의 가르침을 "달갑게" 들었지만(막 6:20), 그가 헤로디아의 일을 책망하자 몹시 거북하게 여겼습니다.

이런 사람들은 교회에 나가 그리스도를 예배하는 것은 좋아하지만 육신의 정욕을 거부하는 것은 원하지 않습니다. 그러나 우리 주님께 마음과 뜻과 정성을 다하여 복종하지 않는다면, 결국 구원에서 멀어지게 됩니다.

Chapter 2

그리스도께 나온다는 것

구원 신앙이란 진정한 마음으로 그리스도에게 나오는 것입니다. 날마다 자신을 부인하고 십자가를 짊어진 채 온전한 복종과 사랑으로 그리스도를 따르는 것입니다.

"스스로 깨끗한 자로 여기면서도 자기의 더러운 것을 씻지 아니하는 무리가 있느니라"(잠 30:12).

교회에 나가고 헌금을 드리고 기도를 하는 것이 진정한 그리스도인임을 입증하는 것은 아닙니다. 성경은 "어떤 길은 사람이 보기에 바르나 필경은 사망의 길이니라"(잠 14:12)고 말씀하고 있습니다. 무엇을 말하는 것일까요? 겉으로는 구원 신앙을 소유한 것 같으나 실제로는 그렇지 않다는 사실을 말하고 있습니다. 이 땅에는 교인인 것 같지만 그렇지 않은 사람들이 많이 있습니다.

오늘날 교회는 죄인이 무슨 행위를 하더라도 구원의 공로를 세울 수 없다고 가르칩니다. 자연 상태의 인간이 아무리 선한 업적을 쌓더라도 성삼위 하나님 앞에서 그것은 한갓 "더러운 옷"(사 64:6)에 불과하다고 말합니다. 옳은 가르침입니다. 설교자들은 "그 은혜에 의하여 믿음으로 말미암아 구원을 받았으니 이것은 너희에게서 난 것이 아니요 하나님의 선물이라 행위에서 난 것이 아니니 이는 누구든지 자랑하지 못하게 함이라"(엡 2:8-9), "우리를 구원하시되 우리가 행한 바 의로운 행위로 말미암지 아니하고 오직 그의 긍휼하심을 따라……성령의 새롭게 하심으로 하셨나니"(딛 3:5)라는 말씀을 인용하면서 오직 그리스도가 죄인을 구원하실 수 있다는 진리를 명시합니다. 따라서 사람들은 자신의 행위로는 결코 천국에 들어갈 수 없다고 굳게 확신합니다.

또한 사람들은 그리스도만이 하나님께 나아갈 수 있는 유일한 길이지만 개인적으로 그분을 의지하는 믿음을 가져야 그 길을 걸어갈 수 있다고 배웁니다. 다시 말해, 믿어야만 그리스도께서 구원자가 되신다는 것입니다. 오랫동안 '복음 설교'는 대부분 그리스도를 믿는 믿음을 강조해 왔고, 복음 전도 역시 사람들에게 주 예수님을 믿는 믿음을 전하는 데 집중했습니다. 물론 큰 성과가 있었습니다. 수많은 사람이 복음을 받아들이고 그리스도를 구원자로 영접했습니다. 하지만 그리스도를 믿는 사람은 모두 구원을 받고, 스스로 현혹된 자들과 "사망의 길"(잠 14:12)에 선 자들과 "자기의 더러운 것을 씻지 아니하는 무리"(잠 30:12)에 해당하는 사람들만 믿음이 없는 사람으로 분류된다면 저는 이에 대하여 이의를 제기하고 싶습니다.

세 부류의 사람들

신약 성경을 주의 깊게 읽어 보면 그리스도를 믿었음에도 구원받지 못한 사례를 심심찮게 발견할 수 있습니다. 예를 들어, 요한복음 8장 30절에서 "이 말씀을 하시매 많은 사람이 믿더라"고 언급되어 있는 사람들 중 대다수가 거듭나지 못한 사람임을 뒷부분을 읽어보면 알 수 있습니다. 심지어 예수님은 마귀가 그들의 아버지라고 말씀하셨습니다(44절). 그러자 사람들은 예수님께 돌을 던지려고 했습니다(59절). 이런 상황이 이해하기 어렵고 혼란스럽게 느껴질 수도 있습니다. 그러나 그럴 필요는 없습니다. 그리스도를 믿는 믿음과 구원 신앙을 동일시하기 때문에 그렇게 느끼는 것입니다. 그리스도를 믿는 믿음이라도 구원 신앙이 있고 구원 신앙이 아닌 것이 있습니다.

요한복음 12장 42절은 "관리 중에도 그를 믿는 자가 많되"라고 기록하고 있습니다. 그들은 과연 구원받았을까요? 무시하고 어리석은 사람은 물론이요 설교자와 복음 전도자 중에도 "물론입니다. 그들은 분명히 구원받았습니다"라고 대답하는 사람이 있을 것입니다. 그러나 바로 그 다음 내용을 읽어보십시오.

"바리새인들 때문에 드러나게 말하지 못하니 이는 출교를 당할까 두려워함이라 그들은 사람의 영광을 하나님의 영광보다 더 사랑하였더라"(요 12:42-43).

그들이 구원받았다고 생각하십니까? 만일 그렇다면 당신은 하나님의 구원 사역이 자신의 영혼 안에서 어떻게 이루어지고 있는지를 전혀 알지 못하는 상태라고 말할 수 있습니다. 두려움에 휩싸여 세상의 평판과 개인의 영예, 일시적인 이익 등 자신이 사랑하는 것을 그리스도를 위해 포기하지 못하는 사람은 그분의 구원 사역을 믿는 믿음과 상관없이 여전히 죄 가운데 있을 뿐입니다.

사람들은 대개 신자와 불신자 두 부류만 존재한다고 알고 있지만 그런 식의 분류는 큰 오해를 불러일으킬뿐더러 완전히 잘못되었습니다. 말씀에 따르면 세상 사람들은 세 부류로 나뉩니다. 고린도전서 10장 32절은 "유대인에게나 헬라인에게나 하나님의 교회에나 거치는 자가 되지 말고"라고 기록하고 있습니다.

첫째 부류는 헬라인, 즉 이방인입니다. 구약 시대, 특히 모세 시대 이후에는 이스라엘 공동체 밖에 있는 이방 족속들과 이교 국가들이 세상 대부분을 차지했습니다. 오늘날 이 부류에 해당하는 이들은 현대의 이방인들, 곧 "쾌락을 사랑하기를 하나님 사랑하는 것보다 더하며"(딤후 3:4)라는 말씀과 같은 사람들일 것입니다. 둘째는 이스라엘 민족인데 "이스라엘에게서 난 그들이 다 이스라엘이 아니요"(롬 9:6)라는 말씀에서 알 수 있듯이 이는 다시 두 부류로 나뉩니다. 이스라엘 민족 가운데 대다수가 하나님과 피상적인 관계를 맺었던 사람들이었습니다. 요즘으로 말하면 그리스도의 이름만을 고백하는 신자가 여기에 해당합니다. 셋째는 이스라엘의 남은 자들입니다. 그들은 하늘에서 소명과 희망과 기업을 모두 받는 하나님의 "적은 무리"(눅 12:32)입니다. 요즘으로 말하자면 참 신자들이라고 할 수 있습니다.

요한복음에서도 사람들은 세 부류로 나뉩니다. 첫째는 이스라엘의 강퍅한 지도자들 곧 서기관, 바리새인, 제사장, 장로들입니다. 이들은 처음부터 끝까지 대놓고 그리스도를 반대했으며 그분의 복된 가르침이나 기적에도 마음을 열지 못했습니다. 둘째는 그리스도의 가르침을 즐겁게 들었던 보통 사람들입니다(막 12:37). 그들은 그리스도를 믿었습니다(요 2:23; 7:31; 8:30; 10:42; 12:11). 그러나 그들이 구원받았다는 증거는 확실하지 않습니다. 그들은 겉으로 그리스도를 반대하지 않았지만, 마음으로 그분께 복종한 것도 아니었습니다. 그들은 그리스도의 신성한 권위에 깊은 인상을 받았음에도 쉽게 등을 돌리곤 했습니다. 셋째는 그리스도를 마음과 삶 속에 모셔 들인 소수의 사람들, 곧 그분을 구원자이자 주님으로 영접한 사람들입니다(요 1:12).

오늘날에도 여전히 세 부류의 사람들이 존재합니다. 첫째는 그리스도를 고백하지도 않고 그분에게 구원의 소망을 전혀 두지 않는 사람들입니다. 이들은 어떤 말씀을 들어도 귀를 기울이지 않을뿐더러 예수님에 대한 증오심을 대놓고 드러냅니다. 둘째는 그리스도에게로 이끌리는 사람들입니다. 이들은 예수님과 그분의 가르침을 반대하지 않고 자연스럽게 신자들 무리에 합류합니다. 성실한 무슬림의 자녀로 자란 사람들이 마호메트를 신봉하듯 이들도 진리의 가르침을 들은 뒤에 그리스도를 믿습니다. 그리스도의 보혈에 관한 가르침을 듣고 장차 다가올 진노를 모면하기 위해 그 공로를 의지합니다. 하지만 그들의 삶에는 그리스도 예수 안에서 새로운 피조물이 되었다는 증거가 전혀 나타나지 않습니다. 셋째는 자신을 부인하고 날마다 십자가를 짊어진 채 세상에서 버림받고 멸시당하신 그리스도의 뒤를 따라 온전한 복종과 사랑으로 하나님께 나아가는 소수의 사람들입니다.

그렇습니다. 그리스도를 믿는 믿음에도 구원 신앙이 있고 그렇지 않은 신앙이 있습니다. 이 말을 부인할 사람은 거의 없을 것입니다. 그런데 그리스도를 믿는 믿음임에도 구원 신앙이 아닌 경우는 본질이 아닌 역사적 인물로서의 그리스도를 믿는 신앙뿐이라고 말함으로써 구원 신앙의 의미를 약화시키는 사람들이 많습니다. 물론 그리스도에 관한 역사적 사실을 믿는 것만으로도 구원에 이를 수 있다고 착각하는 사람들이 있다는 말에는 저도 동의합니다. 그러나 제가 강조하고자 하는 것은 역사적 신앙이나 그리스도에 관한 단순한 지식 이상의 믿음을 소유한 사람들 중에도 영혼을 살리는 구원 신앙에 이르지 못하는 경우가 적지 않다는 엄숙한 사실입니다. 이런 거짓 구원 신앙의 소유자가 우리 주변에 참으로 많습니다. 구약 시대에도 하나님을 믿고 의지하고 신뢰했지만 구원받지 못한 사람들이 있었듯 오늘날에도 그리스도를 믿지만 구원에 이르지 못하는 사람들이 있습니다.

구원에 이르지 못하는 믿음

그렇다면 어떤 신앙이 구원 신앙일까요? 이 질문에 답하려면 먼저 성경에 근거하여 구원 신앙을 정의한 다음 참 구원 신앙과 거짓 구원 신앙을 구별할 필요가 있습니다. 왜냐하면 그 둘은 서로 공통점이 많기 때문입니다. 그리스도를 믿지만 구원에 이르지 못하는 신앙의 경우에도 영혼과 그리스도를 하나로 묶는 참 신앙의 요소가 한 가지 이상 발견됩니다. 저는 성경보다 더 높은 기준을 설정하여 참 신자를 낙심하게 하거나 성경의 기준을 너무 낮춰 거듭나지 않은 신자에게 쓸데없는 희망을 부추기기를 원치 않습니다. 또한 저는 하나님의 백성에게서 그들의 정당한 권리를 빼앗고 싶지도 않고 자녀의 떡을 취하여 개들에게 주는 죄를 범하고 싶지도 않습니다. 성령님이 우리를 진리 가운데로 인도해 주시기를 기도하며 이 글을 씁니다.

성경이 불신앙을 어떻게 정의하고 있는지 면밀히 살펴보면 많은 실수를 예방할 수 있습니다. 믿는 것과 믿지 않는 것을 거듭 대조하고 있는 성경을 통해 불신앙의 속성을 옳게 파악하면 구원 신앙의 본질 또한 바르게 이해할 수 있습니다. 구원 신앙은 하나님의 말씀에 진정으로 동의하는 것 이상의 차원을 지닙니다. 불신앙 역시 진리에 동의하지 않는 태도나 그릇된 판단 이상의 차원을 지니지만, 성경에는 하나님을 대적하는 해롭고 파괴적인 원리로 묘사됩니다. 불신앙은 소극적인 면과 적극적인 면을 모두 가지고 있습니다. 예를 들어, 불신앙을 뜻하는 헬라어 명사는 성경에서 '믿지 않음'(롬 11:20; 히 4:6, 11)과 '불순종'(엡 2:2; 5:6)으로, 동사는 '믿지 않는다'(히 3:18; 11:31)와 '복종하지 않는다'(벧전 3:1; 4:17)로 각각 번역됩니다. 몇 가지 예를 살펴보면 이 점을 좀 더 명백히 알 수 있습니다.

먼저 아담의 경우입니다. 하나님은 아담에게 선악과를 먹는 날에는 정녕 죽으리라고 엄숙히 경고하셨습니다. 아담은 하나님의 경고를 믿지 않은 것에 그치지 않고 불순종했습니다. 성경은 이러한 그의 불순종 때문에 많은 사람이 죄인이 되었다고 말씀합니다(롬 5:19). 즉, 아담의 죄가 치명적이었던 이유는 그가 뱀의 거짓말을 믿었기 때문만은 아닙니다. 디모데전서 2장 14절도 "아담이 속은 것이 아니고"라고 기록하고 있습니다. 아담의 죄는 하나님의 금지와 경고에 아랑곳하지 않고 자신의 뜻을 고집한 데 있었습니다. 이렇듯 인류 역사상 최초의 불신앙은 하나님이 분명하고 엄숙하게 경고하신 말씀을 명심하지 않고 고의로 그분을 거역하며 대항하는 속성을 지녔습니다.

광야 생활을 하던 이스라엘 백성의 경우에서도 불신앙의 속성을 발견할 수 있습니다. 성경은 "그들이 믿지 아니하므로 능히 들어가지 못한 것이라"(히 3:19)고 말합니다. 이 말씀은 정확히 무슨 뜻일까요? 하나님의 약속을 믿지 않았기 때문에 가나안에 들어가지 못했다는 뜻일까요? 그렇습니다. 안식에 들어갈 약속이 남아 있었지만 약속을 믿음과 결부시키지 못한 것이 이유였습니다(히 4:1-2).

하나님은 아브라함의 후손이 젖과 꿀이 흐르는 땅을 기업으로 차지하게 될 것이라고 약속하셨고 애굽에서 구원받은 이스라엘 백성은 그 약속을 굳게 붙잡아 적용할 수 있는 특권을 얻었습니다. 하지만 그들은 특권을 거부했습니다. 사실 그것만이 아니었습니다. 그들의 죄는 그보다 훨씬 더 심각했습니다. 오늘날에도 종종 간과되는 것, 바로 하나님을 공공연히 거역한 죄입니다. 정탐꾼들이 가나안의 아름다운 포도송이를 가지고 돌아왔을 때 여호수아는 올라가 그 땅을 차지하자고 말했지만 백성은 여호수아의 말을 따르지 않았습니다. 모세는 "너희가 올라가기를 원하지 아니하고 너희의 하나님 여호와의 명령을 거역하여"(신 1:26)라고 말했습니다. 그들의 불신앙은 적극적인 성격을 띠었습니다. 즉, 그들은 자기 고집을 내세우며 반역하고 불순종했습니다.

예수님이 활동하실 당시의 이스라엘 백성도 마찬가지였습니다. 예수님은 "하나님의 진실하심을 위하여 할례의 추종자가"(롬 15:8) 되어 그들 가운데 나타나셨습니다. 하지만 요한복음 1장 11절은 "자기 땅에 오매 자기 백성이 영접하지 아니하였으나"라고 말합니다. 하지만 그것이 전부일까요? 과연 그들의 죄가 주님의 가르침을 받아들이시 않고 그분을 믿지 않은 것뿐일까요? 그렇지 않습니다. 그들은 단지 소극적인 불신앙에 머물지 않고 적극적으로 그분을 이유 없이 미워하며(요 15:25), 그분께 나오지 않았습니다(요 5:40). 속된 욕망을 지닌 그들은 하나님의 거룩한 명령에 복종할 수 없었고 결국 "우리는 이 사람이 우리의 왕 됨을 원하지 아니하나이다"(눅 19:14)라고 말한 것입니다. 그들의 불신앙에는 자기 고집과 노골적인 불순종, 오직 자기의 기쁨만을 추구하려는 의도가 짙게 깔려 있었습니다.

불신앙은 타락한 인간 본성이라는 차원을 뛰어넘어 무서운 죄에 해당합니다. 성경은 죄를 사랑하는 마음과 완고한 의지 그리고 강퍅한 마음에서 불신앙이 시작된다고 말합니다. 그중 특히 죄를 사랑하는 마음은 불신앙의 직접적인 원인입니다. 즉, 불신앙은 인간의 타락한 본성, 곧 하나님을 대적하는 생각에 그 뿌리를 두고 있습니다. 예수님은 "그 정죄는 이것이니 곧 빛이 세상에 왔으되 사람들이 자기 행위가 악하므로 빛보다 어둠을 더 사랑한 것이니라"(요 3:19)고 말씀하셨습니다.

청교도 신학자이자 목회자였던 존 오웬은 이렇게 말했습니다.

복음의 빛은 모든 장소와 사람에게 임한다. 그 빛을 가까이 대한 사람들은 복음의 목적과 성향을 깨닫는다. 하지만 복음의 목적이 그들을 죄로부터 멀어지게 만드는 데 있다는 사실을 발견하는 순간 그들은 더 이상 관심을 기울이지 않는다. 심지어 복음의 진리를 탐탁하게 여기지 않고 죄 가운데서 멸망한다.

복음이 분명하고 충실하게 전파될수록 믿음을 고백하는 사람들의 숫자가 줄어드는 이유가 바로 이것입니다.

구원에 이르는 진정한 믿음

구원 신앙은 구원에 이르지 못하는 믿음과 질적으로 전혀 다릅니다. 물론 둘 다 하나님과의 관계가 단절된 상태, 곧 그분을 대적하는 마음에서 출발하지만 구원 신앙은 그분과의 화목을 도모함으로써 더 이상 불순종을 일삼지 않습니다. 구원 신앙의 핵심은 자기를 버리고 하나님의 주권을 받아들이며 따르는 것에 있습니다. 구원 신앙은 그리스도께서 죄인들의 구원자이시며 참 믿음을 지닌 사람이라면 누구나 기꺼이 환영하신다는 사실을 지식으로 이해하고 동의할 뿐 아니라 또한 의지로 받아들이는 신앙을 뜻합니다. 그리스도의 영접을 받으려면 소유를 다 내주고 빈털터리가 된 사람처럼(마 19:21) 자기 의를 모두 버리는(롬 10:3) 것은 물론, 자기 고집을 내세워 하나님을 대적하는 행위를 중단해야 합니다. 예를 들어, 국가 전복을 시도한 사람이 왕에게 나와 용서와 은혜를 구하려면 대적 행위를 모두 중단하고 그 앞에 머리를 깊이 조아려야 합니다. 죄인이 그리스도께 나와 용서를 구할 때도 마찬가지입니다. 그렇게 하지 않으면 구원 신앙을 지녔다고 말할 수 없습니다.

구원 신앙이란 참 마음으로 그리스도께 나오는 것입니다. 여기에 함축된 의미를 간과하지 않도록 주의하십시오. "내가 미국에 왔다"는 말은 다른 나라를 떠나 미국에 왔다는 뜻입니다. 이처럼 그리스도께 나올 때도 그릇된 믿음의 대상과 마음 안에서 주인 행세하려는 것을 모두 버려야 합니다. 베드로는 "너희가 전에는 양과 같이 길을 잃었더니 이제는 너희 영혼의 목자와 감독 되신 이에게 돌아왔느니라"(벧전 2:25)고 말했습니다. "너희가 양과 같이 길을 잃었더니"(과거 시제가 사용되었습니다. 이는 그들이 더 이상 길 잃은 양이 아니라는 뜻입니다)라는 말씀은 과연 무슨 뜻일까요? 이사야 53장 6절은 "우리는 다 양 같아서 그릇 행하여 각기 제 길로 갔거늘 여호와께서는 우리 모두의 죄악을 그에게 담당시키셨도다"라고 말합니다. 참 마음으로 그리스도께 나오기 전에 버려야 할 것은 바로 자기 고집입니다. 탕자가 먼 나라를 고집했다면 그는 결코 아버지께 돌아올 수 없었을 것입니다. 여전히 자기를 기쁘게 하는 삶을 살고 있으면서도 그리스도께 나왔다고 생각한다면 그것은 자기를 기만하는 것입니다.

지금까지 그리스도께 나온다는 것이 무슨 의미인지 간단히 정의해 봤습니다. 이는 제가 자의적으로 만들어 낸 새로운 정의가 아닙니다. 『천로역정』의 저자 존 번연은 『내게로 오라』는 책에서 이렇게 말했습니다.

> 그리스도께 나올 때는 정직하고 솔직한 태도로 그분을 위해 모든 것을 포기해야 한다. 그리스도께서는 누가복음 14장 26-27절 그리고 이와

유사한 말씀들을 통해 참 마음으로 나오는 신자의 모습을 적절히 묘사하셨다. 즉 참 신자란 모든 것을 버리고 나오는 사람을 뜻한다. 세상에는 겉으로만 예수 그리스도께 나온 척하는 사람들이 많다. 그들은 마태복음 21장 29절에 등장하는 사람, 곧 아버지의 명령에 '아버지 가겠나이다'라고 말한 뒤 가지 않은 첫째 아들과 흡사하다. 그리스도께서 복음으로 부르시면 그들은 곧 가겠다고 말만 할 뿐 여전히 육신의 욕망과 쾌락을 좇는 데 여념이 없다.

또한 찰스 스펄전은 요한복음 6장 44절을 본문으로 다음과 같이 설교했습니다.

그리스도께 나온다는 것은 회개와 자기 부인과 예수님에 대한 믿음을 동시에 포함한다. 즉 진리에 대한 믿음과 하나님을 향한 진지한 기도, 복음의 원리에 대한 복종을 모두 포괄하는 것이다.

그는 요한복음 6장 37절을 해설하면서도 이렇게 말했습니다.

그리스도께 나온다는 것은 죄에서 돌이켜 그분을 믿는 것이다. 그릇된 신념과 죄를 사랑하는 마음을 모두 버리고 오직 예수님만을 신뢰와 소망을 둘 수 있는 유일한 피난처로 바라본다는 의미이다.

구원 신앙은 "그들이 먼저 자신을 주께 드리고"(고후 8:5)라는 말씀대로 자신의 전 존재와 삶을 하나님의 뜻에 온전히 복종시키는 것입니다. 또한 구원 신앙은 그리스도를 절대 주권을 지니신 주님으로 확고히 영접하고 그분의 뜻에 복종하며 그분의 멍에를 짊어지는 것을 말합니다. 이에 대해 "그렇다면 성경은 왜 기존 신자들에게 로마서 12장 1절의 '내가 하나님의 모든 자비하심으로 너희를 권하노니'와 같은 말씀으로 권고하는 것입니까?"라고 반론을 제기하는 사람이 있을 지도 모릅니다.

그러나 이 구절의 권고는 처음 시작한 일을 계속 이행해 나가라는 뜻을 담고 있을 뿐입니다. 성경은 "너희가 그리스도 예수를 주로 받았으니 그 안에서 행하되"(골 2:6)라고 말합니다. 그리스도를 '주로 받았다'는 표현에 주목하십시오. 그리스도를 '구원자'로만 영접한 사람은 신약 성경의 기준에 결코 부합하지 않습니다. 주님과 구원자라는 두 가지 호칭이 함께 언급된 성경 구절들을 찾아보면 항상 '주님'과 '구원자'의 순서로 되어 있음을 발견하게 될 것입니다(눅 1:46-47; 벧후 1:11; 2:20; 3:18).

자기 뜻을 고집하며 자기를 기쁘게 하는 삶이 무서운 죄임을 인식하지 못하고, 하나님께 진심으로 엎드려 죄를 슬퍼하지 않고, 그분의 통치에 온전히 복종하지 않은 상태에서 그분의 용서와 새 생명을 구하는 것은 믿음이 아니라 파렴치한 불경죄에 해당합니다. 더러운 입으로 하나님의 거룩한 이름을 들먹이며 그분을 따르겠다고 고백한다면 그것은 용서받을 수 없는 신성모독이나 다름없습니다. 그런데 안타깝게도 오늘날 수많은 복음 전도자들은 그리스도를 욕되게 하는 무서운 죄를 권장하고 양산하는 잘못을 저지르고 있습니다.

"네가 만일 네 입으로 예수를 주로 시인하며 또 하나님께서 그를 죽은 자 가운데서 살리신 것을 네 마음에 믿으면 구원을 받으리라 사람이 마음으로 믿어 의에 이르고 입으로 시인하여 구원에 이르느니라"(롬 10:9-10).

구원 신앙은 마음으로 그리스도를 믿는 것입니다. 그리스도를 진심으로 사랑하지 않는 구원 신앙이란 있을 수 없습니다. 여기에서 '진심으로 사랑한다'라는 말은 복종하는 사랑을 뜻합니다. 그리스도께서는 그분의 계명을 지키는 자를 친구로 인정하십니다(요 15:14). 불신앙이 반역을 의미한다면 구원 신앙은 **복종을** 의미합니다. "믿어 순종하게 하시려고"(롬 16:26)라는 말씀도 바로 그런 맥락입니다. 구원 신앙과 영혼의 관계는 건강과 육체의 관계와 같습니다. 구원 신앙은 생명이 충만한 작용 원리로서 그에 합당한 열매를 맺기 위해 항상 일합니다.

Chapter 3

쉽지 않은 구원의 길

구원이 완성되는 과정은 결코 쉽지 않습니다. 우리는 안팎에서 일어나는 갈등과 유혹, 세상의 핍박, 좌절, 두려움, 또한 사탄의 유혹 등 수많은 시련을 거친 후에야 비로소 천국에 들어갈 수 있습니다.

구원 신앙을 갖기가 어렵다는 말을 들으면 깜짝 놀랄 사람들이 적지 않을 것입니다. 오늘날 거의 모든 곳에서, 심지어 "정통주의자"로 불리는 사람들조차 구원이 매우 쉽고 간단한 것처럼 말하기 때문입니다. 그들은 요한복음 3장 16절을 믿고 그리스도를 구원자로 영접하면 그것으로 구원이 이루어진다고 말합니다. 물질 또는 아내나 남편을 의지하듯 그리스도를 의지하면 그것으로 족하다는 것입니다. 올바른 믿음의 대상을 의지하는 것 외에 죄인이 할 일은 아무것도 없다는 논리입니다. 오늘날 이런 구원관이 만연한 탓에 거기에 동조하지 않으면 뭔가 특이하거나 잘못된 믿음을 가졌다는 오해를 받기가 십상입니다. 하지만 저는 요즘의 이러한 쉬운 구원관이 하나님을 모욕하는 마귀의 거짓이라고 자신 있게 말할 수 있습니다. 어떤 대상을 신뢰하는 데에는 자연 신앙만으로 충분합니다. 그러나 그리스도를 믿어 구원에 이르려면 초자연 신앙이 필요합니다.

본질을 놓친 복음 전도

오늘날 목회자들이나 복음 전도자들이 사용하는 빙빔을 관찰해 보면 성령께서 그들의 생각 속에서 어떤 위치를 차지하고 계시는지 의문이 들 때가 많습니다. 그들은 은혜라는 초자연적인 기적을 통해 인간의 마음을 진정으로 그리스도에게 복종시키는 성령님의 사역을 경시합니다. 안타깝게도 이 타락한 세대에서는 구원 신앙이 은혜의 기적으로 말미암는다는 가르침을 찾아보기가 매우 어렵고 대신 인간의 의지에서 나오는 행위에 지나지 않는다는 가르침이 만연합니다. 마음만 먹으면 누구라도 언제든 구원 신앙을 가질 수 있기 때문에 죄인에게 인간의 타락과 믿음에 대한 말씀 몇 구절을 인용한 뒤 그리스도를 영접하라고 권하기만 하면 그것으로 족하다고 생각합니다. 더 안타까운 것은 이런 생각이 잘못되었음을 의식하는 사람조차 아주 드물다는 사실입니다. 사람들은 그런 생각이 수많은 심령을 거짓 평안으로 잠재우는 마귀의 자장가라는 사실을 알지 못합니다.

사람들은 자신이 구원받았다고 믿지만, 사실 그들의 믿음은 한낱 피상적인 논리의 산물에 지나지 않습니다. 어떤 목회자는 하나님의 영광에 아무런 관심이 없고 그분을 대적한 죄를 깨닫지도 못하는 사람에게 이렇게 복음을 전합니다. 우선 전도 대상자를 신속하게 설득하여 그리스도께 인도할 요량으로 신약 성경을 꺼내들고 그에게 "미쁘다 모든 사람이 받을 만한 이 말이여 그리스도 예수께서 죄인을 구원하시려고 세상에 임하셨다 하였도다 죄인 중에 내가 괴수니라"(딤전 1:15)는 말씀을 읽어줍니다. 그러고는 그에게 "당신은 죄인입니다"라고 말합니다. 상대방이 그 말에 동의하면 이번에는 "하나님이 세상을 이처럼 사랑하사 독생자를 주셨으니 이는 그를 믿는 자마다 멸망하지 않고 영생을 얻게 하려 하심이라"(요 3:16)는 말씀을 읽어줍니다. 그리고 "여기서 '누구든지'라는 말에는 누가 포함된다고 생각합니까?"라고 묻습니다. 그 물음은 상대방이 "당신과 나, 그리고 모든 사람입니다"라고 대답할 때까지 몇 번이고 반복됩니다. 그런 다음 "하나님이 당신을 사랑하시고 그리스도께서 당신을 위해 죽으셨다고 믿으십니까?"라고 질문합니다. 만일 "네, 믿습니다"라는 대답이 나오면 즉시 그에게 구원받았다는 확언을 들려줍니다.

여러분도 이런 식으로 구원받았다면 그것은 하나님의 능력이 아니라 단지 "설득력 있는 지혜의 말"(고전 2:4), 곧 "사람의 지혜"(5절)로 이루어진 거짓 신앙에 불과합니다.

죄인의 마음을 성결하게 하는 것이 손을 씻는 것처럼 쉽다고 생각하는 사람들이 많은 듯합니다. 그런 사람들은 거룩한 진리의 빛이 인간의 심령을 비춰 육신의 정욕을 죽이는 일이 마치 커튼을 걷기만 하면 아침 햇살이 방 안으로 들어오는 것만큼 쉽다고 생각합니다. 또한 그들은 우상과 세상과 죄를 버리고 하나님과 그리스도께 돌아와 거룩하게 사는 것이 키를 조종하여 배를 올바른 항로로 움직이는 것만큼 쉽다고 믿습니다. 하지만 속아서는 안 됩니다. 육신의 정욕을 죽이고 세속적인 마음을 십자가에 못 박고 마귀를 물리치고 매일 죄에 대해 죽고 의에 대해 살며 온유하고 겸손한 심령을 유지하고 믿음과 순종과 인내와 충실을 실천하고 올바르고도 친절하고 자비롭게 살아가는 것, 한마디로 그리스도를 본받아 그리스도인다운 삶을 사는 것은 타락한 인간 본성에 내재된 힘만으로 도저히 불가능합니다.

그러나 그런 일이 매우 간단해 보이는 이유는 이 세대가 구원 신앙의 참된 본질에 대하여 무지하기 때문입니다. 또한 구원 신앙의 속성에 관한 성경의 증언을 옳게 이해하는 사람이 드물어 거짓 구원 신앙이 널리 퍼져 있기 때문입니다. 사람들이 이 시대의 통속적인 '복음'을 이토록 열렬히 환영하는 이유는 무엇으로부터 구원받아야 하는지를 모르는 데 있습니다. 구원 신앙은 "그리스도께서 나를 위해 죽으셨다"라는 사실을 믿는 것 이상의 의미를 지닙니다. 즉, 자신의 마음과 삶을 그리스도의 통치에 온전히 복종시키는 것을 포함합니다. 또한 구원 신앙은 하나님의 구원이 법적 차원뿐 아니라 경험의 차원까지 지니며 칭의는 물론 중생과 성화까지 포함한다는 사실을 인정합니다. 안타깝게도 오늘날 이러한 구원 신앙을 소유한 사람은 많지 않습니다. 그리스도께서 우리를 지옥에서뿐 아니라 죄와 자기 고집과 자기만족으로부터 구원하시기 위해 오셨다는 이야기에 선뜻 구원을 원할 사람도 많지 않을 것입니다.

좁은 구원의 문

예수님은 구원 신앙이 쉽고 단순하다고 가르치지 않으셨습니다. 오히려 그 반대라고 하셨습니다. 예수님은 영혼의 구원이 누구나 쉽게 참여할 수 있는 일이라고 말씀하시기는커녕 "생명으로 인도하는 문은 좁고 길이 협착하여 찾는 자가 적음이라"(마 7:14)고 말씀하셨습니다. 바울 역시 "우리가 하나님의 나라에 들어가려면 많은 환난을 겪어야 할 것이라"(행 14:22)고 말했습니다. 그만큼 천국에 이르는 유일한 길은 어렵고 힘든 길입니다. "좁은 문으로 들어가기를 힘쓰라"(눅 13:24)는 말씀대로 그 길을 걸으려면 온 힘을 기울이는 노력이 필요합니다.

젊은 관원이 슬퍼하며 돌아가자 예수님은 제자들에게 "하나님의 나라에 들어가기가 얼마나 어려운지 낙타가 바늘귀로 나가는 것이 부자가 하나님의 나라에 들어가는 것보다 쉬우니라"(막 10:24-25)고 말씀하셨습니다. 오늘날 신학교는 목회자나 전도자가 되려는 사람들에게 이러한 신학을 가르치고 있습니까? 그렇지 않습니다. 그들은 단지 '그리스도가 이루신 속죄 사역을 믿기만 하면' 백만장자이든 빈털터리이든 누구나 쉽게 구원받을 수 있다고 가르칠 뿐입니다. 하지만 "그들이 먹여 준 대로 배가 불렀고 배가 부르니 그들의 마음이 교만하여 이로 말미암아 나를 잊었느니라"(호 13:6)는 말씀대로 이 세상 부귀와 명예와 행복과 형통과 성공에 젖은 이들은 대개 하나님을 생각하지 않습니다.

제자들은 그리스도의 말씀을 듣고 "매우 놀라 서로 말하되 그런즉 누가 구원을 얻을 수 있는가"(막 10:26)라며 궁금해했습니다. 오늘날의 목회자들이나 전도자들이 제자들의 말을 들었다면 즉시 그들의 두려움을 달래 주며 주 예수님을 믿기만 하면 누구나 구원받을 수 있다고 말해 주었을 것입니다. 하지만 그리스도께서는 제자들에게 그런 확신을 심어 주지 않으셨습니다. 대신 그분은 "사람으로는 할 수 없으되 하나님으로는 그렇지 아니하니 하나님으로서는 다 하실 수 있느니라"(27절)고 말씀하셨습니다. 타락한 죄인이 신성으로 죄를 뉘우치고 그리스도를 믿는 구원 신앙으로 그분 앞에 나오는 일은 오직 창조의 능력을 지닌 하나님만 하실 수 있습니다. 이렇듯 "사람으로는 할 수 없으되"라는 말씀은 인간의 의지로 구원받을 수 없다는 뜻을 담고 있습니다. 오직 은혜의 기적만이 죄인을 구원할 수 있습니다.

자연 상태의 인간이 구원 신앙을 가질 수 없는 이유는 무엇일까요? 젊은 관원을 살펴보면 곧 그 대답을 알 수 있습니다. 그는 "재물이 많은 고로"(마 10:22) 슬픈 기색을 띠고 돌아갔습니다. 그는 소유에 집착했습니다. 많은 재산이 그의 우상이었습니다. 그의 마음은 세상 것에 단단히 묶여 있었습니다. 그런 그에게 "모든 것을 버리고 나를 따르라"는 그리스도의 요구는 너무 가혹했고 혈과 육으로 도무지 감당할 수 없는 것이었습니다.

여러분의 우상은 무엇입니까? 예수님은 젊은 관원에게 "네게 아직도 한 가지 부족한 것이 있으니"라고 말씀하셨습니다. 그 한 가지는 과연 무엇일까요? 그것은 바로 하나님께 온 마음을 드리고 그리스도의 명령에 철저히 복종하는 것입니다. 우리의 심령에 세상의 찌꺼기가 가득 차 있으면 하늘의 빛이 임할 여지가 없습니다. 세상의 부에 만족하는 사람은 영혼의 부를 바라지 않습니다.

예수님의 '큰 잔치의 비유'도 이와 동일한 진리를 전합니다. 은혜의 잔치가 배설되었고 복음을 통해 모두 초대장을 받았습니다. 하지만 사람들은 어떻게 반응했습니까? "다 일치하게 사양하여"(눅 14:18) 여러 가지 핑계를 대기 시작했습니다. 왜 그랬을까요? 땅이나 소, 안락한 가정생활 등 다른 일에 더 큰 관심이 있었기 때문입니다(18-20절). 그리스도께서는 그분을 더 사랑하며 자신을 십자가에 못 박고(26-27절), 모든 우상을 버리라고 말씀하십니다. 그러나 사람들은 이러한 그리스도의 조건이 아니라 자신의 조건을 충족시키는 테두리 안에서 그분을 영접합니다. 따라서 예수님은 "너희 중의 누가 망대(방금 말한 여러 가지 어려운 일을 상징하는 표현)를 세우고자 할진대 자기의 가진 것이 준공하기까지에 족할는지 먼저 앉아 그 비용을 계산하지 아니하겠느냐"(눅 14:28)고 물으셨습니다.

예수님은 다른 곳에서도 "너희가 서로 영광을 취하고 유일하신 하나님께로부터 오는 영광은 구하지 아니하니 어찌 나를 믿을 수 있느냐"(요 5:44)라고 물으셨습니다. 여기에서 "영광"은 인정이나 칭찬을 의미합니다. 유대인들이 그리스도께 나올 수 없었던 이유는 사람들의 인기와 칭찬을 중시하고 하나님의 인정은 도외시했기 때문입니다. 오늘날에도 사정은 마찬가지입니다. 야고보는 "세상과 벗된 것이 하나님과 원수 됨을 알지 못하느냐"(약 4:4)라고 말했습니다. 그리스도께 나아와 참 마음으로 그분을 믿는다는 것은 세상을 등지고, 경건하지 못한 사람들의 칭찬을 멀리하고, 멸시와 배척을 받으신 그리스도와 연합하는 삶을 의미합니다. 그리스도의 멍에를 메고 그분의 주권에 복종하며 그분의 영광을 위해 살아가는 것을 뜻합니다. 이는 결코 쉬운 일이 아닙니다.

예수님은 "썩을 양식을 위하여 일하지 말고 영생하도록 있는 양식을 위하여 하라 이 양식은 인자가 너희에게 주리니"(요 6:27)라고 말씀하셨습니다. 이 말씀에 영생을 얻는 것이 단순한 문제라는 의미가 담겨 있다고 생각하십니까? 결코 그렇지 않습니다. 이 말씀은 영생을 얻기 위해 다른 관심사를 모두 포기하고 열심히 노력을 기울여 온갖 힘겨운 난관을 극복해야 한다는 뜻을 담고 있습니다. 그렇다면 이 말씀은 스스로의 노력으로 이루어지는 행위 구원을 가르치는 것일까요? 대답은 "아니요"와 "예" 둘 다입니다. 먼저 우리의 행위가 구원의 공로가 될 수 없다는 점에서 답은 "아니요"입니다. 영생은 값없는 선물입니다. 하지만 전심으로 구원을 추구하고 부지런히 은혜의 수단을 사용해야 한다는 점에서는 "예"입니다. 순종하지 않고 머뭇거리는 사람에게 약속이 성취된 사례는 성경 어디에도 없습니다.

"그러므로 우리가 저 안식에 들어가기를 힘쓸지니 이는 누구든지 저 순종하지 아니하는 본에 빠지지 않게 하려 함이라"(히 4:11).

구원 신앙을 갖기 어려운 이유들

이번에는 "나를 보내신 아버지께서 이끌지 아니하시면 아무도 내게 올 수 없으니"(요 6:44)라는 말씀을 생각해 봅시다. 이 말씀은 언제라도 원하기만 하면 인간의 의지로 구원받을 수 있다는 생각이 거짓이라고 가르치고 있습니다. 마음만 먹으면 언제라도 그리스도를 구원자로 영접할 수 있다는 생각은 육신을 기쁘게 하고 피조물을 영화롭게 하는 생각입니다. 자연 상태의 인간은 죄의 종으로(요 8:34) 여러 가지 정욕을 좇고(딛 3:3) 또한 마귀의 올무에 사로잡혀 있기(딤후 2:26) 때문에 성부 하나님께서 이끌지 않으시면 그리스도께 나올 방법이 전혀 없습니다. 하나님의 전능하신 능력이 죄의 사슬을 끊어 주셔야만 비로소 그리스도께 나올 수 있습니다. 어둠을 사랑하고 빛을 미워하는 사람이 과연 스스로 그렇게 할 수 있겠습니까? 결코 그럴 수 없습니다. 이는 손발이 곪거나 독에 중독된 사람이 자기 의지로 그것을 치료할 수 없는 것과 같습니다. 구스인(흑인의 조상)이 피부색을 바꾸거나, 표범이 그 몸에 있는 무늬를 없앨 수 있습니까? 불가능합니다. 악에 익숙한 사람이 선을 행하는 것도 그와 마찬가지입니다.

베드로는 "또 의인이 겨우 구원을 받으면 경건하지 아니한 자와 죄인은 어디에 서리요"(벧전 4:18)라고 말했습니다. 성경 주석을 쓴 매튜 헨리는 이 구절을 이렇게 설명했습니다.

> 의인은 영혼의 안전을 확보하기 위해 많은 노력을 기울여야 한다. 극복해야 할 고난과 어려움과 유혹도 많고 소멸해야 할 죄도 많다. 구원의 문은 너무 좁고 구원의 길은 협착하다. 의인은 구원받기 위해 많은 어려움을 감내해야 한다. 처음에는 온갖 힘든 난관을 각오하라. 하지만 하나님은 은혜와 도움을 베풀어 주신다. 믿음의 경주는 그리 오래 지속되지 않을 것이다. 죽도록 충성하라. 그리하면 하나님이 생명의 면류관을 주실 것이다(계 2:10).

존 릴리도 이렇게 말했습니다.

> 성부께서는 성자를 보내시고, 성자께서는 성령을 보내심으로써 구원의 길이 열렸다. 의인을 구원하는 사역이 완성되기까지는 극심한 어려움이 뒤따른다. 천국에 들어가려면 안팎에서 이루어지는 온갖 싸움과

두려움, 세상의 유혹과 박해, 육신의 무력함과 실패, 사탄의 불화살 등 많은 시련을 거쳐야 한다.

　구원 신앙이 어려운 이유를 살펴보면 다음과 같습니다.
　첫째, 인간은 본질상 구원 신앙의 진정한 속성에 무지합니다. 따라서 인간은 사탄이 제시하는 그럴듯한 모조 구원 신앙에 쉽게 현혹됩니다. 심지어 성경을 통해 올바른 구원 신앙을 깨닫더라도, 제자의 조건을 듣고 슬퍼하며 등을 돌린 젊은 관원처럼 그리스도를 포기하거나 소유하지도 않은 구원 신앙을 소유했다고 거짓을 고백합니다.
　둘째, 자기애가 마음을 지배합니다. 그러므로 거듭나지 못한 사람에게 자기 부정은 너무나도 힘든 요구입니다.
　셋째, 세상을 사랑하고 사람들의 인정을 받으려는 마음이 그리스도께 온전히 복종하지 못하도록 방해합니다.
　넷째, 자연 상태의 인간은 하나님을 전심으로 사랑하고 "모든 행실에 거룩한 자가 되라"(벧전 1:15)는 성경의 요구를 반기지 않습니다.
　다섯째, 인간의 혈과 육은 세상에서 미움을 당하신 그리스도의 수치를 짊어지거나 의를 위해 고난 받는 일을 감당할 수 없습니다.
　여섯째, 애통하지 않는 마음의 소유자는 하나님 앞에서 자신을 겸손히 낮춰 자기 고집을 뉘우치는 일을 원하지 않습니다.
　일곱째, 믿음의 선한 싸움을 싸우고(딤전 6:12) 마귀를 물리치는 일(요일 2:13)은 일신의 안위를 사랑하는 자들에게 너무나도 힘든 일입니다.

　사람들은 지옥에서는 구원받고자 하면서도 죄에서 구원받는 것은 싫어합니다. 삶으로는 그리스도를 주님으로 인정하지 않으면서, 그분을 단지 구원자로 영접하고 안심하는 사람들이 너무나도 많습니다. 죄인이 하나님의 용서를 받으려면 '자신의 길'을 버려야 합니다(사 55:7). 하나님께 돌아오려면 먼저 자신 안에 있는 온갖 우상을 버려야 합니다. 예수님은 "너희 중의 누구든지 자기의 모든 소유를 버리지 아니하면 능히 내 제자가 되지 못하리라"(눅 14:33)고 말씀하셨습니다.

　오늘날 많은 설교자들이 하나님의 은혜를 높인다고 말하면서, 사람들이 그리스도의 속죄 사역을 오해하도록 만드는 것은 참으로 두려운 일입니다. 그들의 말을 들어보면 그리스도께서 속죄의 희생을 감당하신 목적이 인간으로 하여금 속된 육신의 정욕을 누리게 하시기 위함인 것 같습니다. 그리스도의 동정녀 탄생과 대속의 죽음을 믿고 그분을 구원자로 받아들이기만 하면 삶과 행실이 불신자와 도덕적으로 아무 차이가 없더라도 어디서나 참 신자로 버젓이 행세할 수 있다고 가르치는 것과 같이 들립니다. 마귀는 그런 속임수로 수많은 사람들을 현혹해 지옥으로 끌고 갑니다. 주 예수님은 "너희는 나를 불러 주여 주여 하면서도 어찌하여 내가 말하는 것을 행하지 아니하느냐"(눅 6:46)고 물으시면서 "나더러 주여 주여 하는 자마다 다 천국에 들어갈 것이 아니요 다만 하늘에 계신 내 아버지의 뜻대로 행하는 자라야 들어가리라"(마 7:21)고 말씀하셨습니다.

사람들은 처음 배우는 것보다 배웠던 것을 고쳐 배우는 것을 더 힘들어합니다. 하나님의 백성 가운데에도 사탄의 달콤한 독주에 깊이 취한 탓에 자신이 구축한 체계에서 쉽게 빠져나오지 못하는 이들이 많습니다. 그들은 독주에 취해 자신의 총명을 어둡게 하고 있습니다. 그들 중 하나가 이 글을 읽는다면, 그들은 내가 어린양이신 예수님의 속죄 사역에 인간의 노력이 더해져야 함을 주장한다고 생각할지도 모릅니다. 그래서 내가 마치 그리스도가 이루신 속죄 사역의 완전성을 공격한다고 생각할 수도 있습니다. 하지만 오해하지 마십시오. 예수 그리스도의 공로 외에는 그 무엇도 죄인에게 지극히 거룩하신 하나님 앞에 설 수 있는 자격을 주지 못합니다. 저는 단지 "하나님께서 죄인에게 그리스도의 의를 전가하실 때가 언제인가?"를 물을 뿐입니다. 죄인이 하나님을 대적하는 동안에는 그런 역사가 분명코 일어나지 않을 것입니다.

믿음에서 거룩한 행함으로

그리스도의 구원 사역이 어떤 목적을 위해 계획되었는지를 정확하게 알지 못하는 한 우리는 그분의 사역을 올바로 받아들이거나 평가할 수 없습니다. 영광의 주님은 세상에 여전히 마음을 두고 있는 우리를 구원하려고 이곳에 오신 것이 아닙니다. 그분이 세상에 오신 이유는 사람들에게 천국 가는 길을 열어주시고, 그 길을 걸으라고 부르시기 위해서였습니다. 그리고 자신이 친히 본을 보이시며 그리스도의 정신과 계명과 약속으로 그들의 영혼을 영광에 합당한 상태로 빚어 그들이 구원을 위해 기꺼이 모든 것을 포기하도록 이끄시려고 이 세상에 오셨습니다. 또 그분이 세상에서 살다가 십자가 위에서 죽으시고 승천하신 이유는 죽은 죄인들에게 성령님을 보내셔서 새 생명을 주시고, 그들을 새로운 피조물로 만들어 천국가기까지 그리스도인으로 살게 하시기 위해서였습니다. 따라서 새 생명을 얻은 죄인은 더 이상 세상에 속한 자가 아닙니다. 그들의 마음은 이미 세상에서 떠났기 때문입니다. 예수님은 진정한 회개와 믿음, 성결한 삶, 하나님을 사랑하는 마음, 하나님에 대한 온전한 복종을 불필요한 것으로 만들기 위해 혹은 그런 것이 없어도 구원을 가능하게 만들기 위해 세상에 오신 것이 아닙니다.

이제 자기 자신에게 "이것이 내가 진심으로 원하는 구원인가?"라고 정직하게 물어보시기 바랍니다. 존 번연은 『The Jerusalem Sinner Saved 구원받은 예루살렘의 죄인』(국내 미출간_편집자 주)이라는 책에서 이렇게 말했습니다.

> 그대의 소망은 무엇인가? 구원받기 원하는가? 철저한 구원을 원하는가? 죄책감은 물론 죄의 실제 영향력과 오염에서 구원받고 싶은가? 구세주의 종이 되기 원하는가? 옛 주인인 마귀와 죄와 세상을 섬기는 일

에 지쳤는가? 그대의 영혼 안에서 진정한 구원을 갈망하고 있는가? 다가올 진노에서 우리를 구원하시는 그리스도께 나아가 생명을 얻고 싶은가? 그런 소원을 진심으로 갖고 있다면 조금도 두려워하지 말라.

또한 찰스 스펄전은 마태복음 9장 12절을 본문으로 한 설교에서 이렇게 말했습니다.

많은 사람들이 구원에 관한 설교를 들을 때, 그 구원이란 지옥으로부터의 구원을 의미한다고 생각한다. 물론 그렇다. 하지만 구원은 그 이상의 의미를 지닌다. 구원의 본질은 죄로부터의 해방이다. 그리스도께서 인간을 구원하셨다는 것은 그분이 죄에서 우리를 구원하여 거룩하게 만드시고, 새 사람으로 거듭나게 하셨음을 뜻한다. 여전히 죄 가운데 머물러 있으면서 "나는 구원받았다"고 주장할 수 있는 사람은 아무도 없다. 죄 가운데 살고 있는데 어떻게 죄에서 구원받았다고 할 수 있겠는가? 이는 물에 빠진 사람이 더 깊은 곳으로 가라앉으면서 구조되었다고 말하는 것과 같으며, 동상에 걸린 사람이 혹독한 겨울바람에 얼어가면서 추위로부터 벗어났다고 말하는 것과 같다. 그리스도는 '죄 가운데 있는' 우리를 구원하기 위해 오시지 않았다. 그분은 우리를 '죄로부터' 구원하기 위해 오셨다. 즉 우리가 치명적인 질병의 영향을 받지 않도록 하기 위해서가 아니라 그 질병으로부터 우리를 분리시키려고 오신 것이다. 예수 그리스도께서는 죄의 질병에서 우리를 치유하시고 그

손으로 우리를 만지시며 "내가 원하노니 깨끗함을 받으라"고 말씀하신다. 이것이 그분께서 세상에 오신 목적이다.

따라서 그리스도의 구원을 원하면서도 거룩한 마음과 의로운 삶을 열망하지 않는 사람은 스스로 자신을 속이는 것입니다. 이런 사람은 영원한 형벌에 대한 두려움과 양심을 무마시킬 정도의 신앙만 유지한 채 안일한 마음으로 세속의 삶을 고집하며 자기만족을 채우기 위한 구원을 추구합니다. 인간의 타락한 본성은 시대를 막론하고 언제나 동일합니다. 과거에는 돈 몇 푼만 기부하면 가톨릭 사제로부터 지난 죄를 모두 용서받을 수 있다고 믿었습니다. 오늘날도 마찬가지입니다. 애통하거나 회개하는 마음이 없어도 단지 의지로 그리스도를 믿기만 하면 지난 죄를 용서받을 뿐 아니라 영생도 안전하게 확보할 수 있다는 거짓된 가르침이 새로운 면죄부가 되어 대중을 현혹시키고 있습니다.

속지 마시기 바랍니다. 하나님은 그리스도 예수 안에 있는 사람 외에 아무도 용서하지 않으십니다. 성경은 "그런즉 누구든지 그리스도 안에 있으면 새로운 피조물이라 이전 것은 지나갔으니 보라 새 것이 되었도다"(고후 5:17)라고 말합니다. 구원 신앙을 지닌 죄인은 갈급한 영혼으로 그리스도께 나와 생명수, 곧 거룩하게 하시는 성령을 받습니다. 원수를 사랑하고, 저주하는 사람을 축복하고, 악의와 이기심으로 대하는 사람을 위해 기도하는 일은 결코 쉽지 않습니다.

하지만 이는 그리스도께서 제자 된 사람들에게 요구하시는 의무 가운데 하나입니다. 그분도 친히 그렇게 사심으로써 우리에게 따라야 할 본을 보여 주셨습니다. 그리스도의 구원을 현재의 삶에 적용한다는 것은 그분의 거룩하고 고귀한 기준을 좇아 살겠다는 굳센 결심입니다. 또한 이는 자신의 전적 무능력을 의식하고 의를 간절히 갈망하면서 날마다 그분을 바라보며 필요한 은혜와 힘을 구하는 것을 의미합니다.

Chapter 4

구원 신앙이 시작되는 곳

죄를 깨닫고 진정으로 애통하는 사람만이 위로부터 임하는 구원 신앙, 즉 하나님의 놀라운 은혜의 능력을 경험할 수 있습니다. 구원 신앙이 시작되는 곳은 바로 죄에 대한 절박한 슬픔과 결단입니다.

오늘날 세상을 보면 무척 암울합니다. 하지만 기독교계를 보면 그보다 훨씬 더 암울함을 느낍니다. 반기독교적이며 신비주의적인 기독교가 도처에서 판을 치고 있는 것도 문제지만 오늘날 소위 정통이라고 말하는 많은 교회와 여러 집회에서 전파되고 있는 '복음'이라는 것이 한갓 사탄의 눈속임에 불과하다는 사실은 성도들에게 큰 당혹감을 안겨 줍니다. 마귀는 그리스도의 속죄를 통해 주어진 구원의 능력을 경험할 수 있는 유일한 길이 효과적으로 은폐되기만 하면 사람들이 거짓 평안에 깊이 만족하며 살아가리라는 것을 잘 알고 있습니다. 다시 말해, 하나님이 엄히 요구하시는 죄에 대한 회개가 도외시되고, 제자가 되기 위한 영적 요건이 배제되며, 구원 신앙이 한갓 인간 의지의 행위로 축소된다면, 영적으로 연약한 성도들이 영적으로 무지한 설교자들의 인도를 받아 깊은 수렁에 빠지게 될 것을 마귀는 잘 알고 있습니다.

정통성을 자랑하는 교회들도 대다수 신자들이 생각하는 것보다 훨씬 암울합니다. 근본부터 철저히 부패한 탓에 하나님이 정하신 구원의 길을 충실히 가르치는 교회를 찾아보기가 매우 어렵습니다. 예언의 말씀, 예표나 숫자의 의미, 세대를 나누는 법 같은 것에는 열을 올리면서도 정작 구원의 지식에는 이르지 못한 사람이 너무나도 많습니다(딤후 3:7). 그 이유는 진리를 사는 데 필요한 대가(하나님에 대한 온전한 복종)를 치르려고 하지 않기 때문입니다(잠 23:23 참조). 그러므로 현재의 상황에서 가장 필요한 것은 "하나님은 그리스도께서 이룬 속죄의 공로를 언제 죄인에게 전달하시는가? 그리스도 속죄의 효력을 나 자신에게 적용하는 것이 과연 무슨 의미인가? 내가 실제로 구원의 효력을 의식하게 되는 징후는 과연 무엇인가?"라는 질문에 진지하게 관심을 기울이는 것이라고 생각합니다.

구원 신앙에 나타나는 주 되심의 인정

앞의 질문들은 표현만 달리했을 뿐 궁극적으로 같은 맥락입니다. 이 질문들에 대해 흔히 듣게 되는 답변은 "주 예수 그리스도를 믿는 것 외에 죄인이 해야 할 일은 아무것도 없다"입니다. 그러나 앞에서 지적했듯이 이런 답변은 부적절하고 불충분한 오답입니다. 이는 하나님이 죄인에게 요구하시는 것을 설명하는 성경 말씀을 모두 무시하고 있기 때문입니다.

하나님께서는 죄인에게 회개를 요구하시고 그리스도께서는 제자의 요건을 제시하셨습니다(눅 14장). 어떤 주제를 다루든 그와 관련된 성경 구절 일부에만 치중하면 그릇된 개념을 갖게 될 소지가 매우 높습니다. 예를 들어, 거듭남을 새로운 탄생이 지니는 여러 측면 가운데 하나로 국한하는 사람은 심각한 오류를 범하게 됩니다. 마찬가지로 구원을 '믿는다'는 말에만 국한시키면 그릇된 길로 치우치기 쉽습니다. 어떤 주제이든 그와 관련된 성경의 가르침을 모두 종합하여 진지하게 연구해야만 균형 잡힌 올바른 성경적 구원 개념을 이끌어 낼 수 있습니다.

이를 좀 더 구체적으로 말하면 다음과 같습니다. 로마서 10장 13절은 "누구든지 주의 이름을 부르는 자는 구원을 받으리라"고 말합니다. 이것이 입으로 주님을 향해 부르짖기만 하면, 즉 그리스도의 이름으로 하나님께 자비를 구하기만 하면 모두 구원을 받는다는 의미일까요? 이 질문에 "그렇다"라고 대답하는 사람은 그리스도께서 떡을 가리켜 "이것이 내 몸이다"라고 말씀하셨다는 이유로 그리스도의 육체적 임재(화체설)를 주장하는 로마 가톨릭 교회처럼 겉으로 드러난 표현에 속고 있는 것입니다. 그러면 우리는 어떻게 그러한 주장이 잘못되었음을 일깨워 줄 수 있을까요? 그 방법은 바로 이곳저곳에 기록된 성경 구절을 비교하는 것입니다. 구원에 대해서도 동일한 방법을 취하면 됩니다.

예전에 배를 타고 가다가 뉴펀들랜드 해안 근처에서 심한 풍랑을 만났던 적이 있습니다. 선원들은 모든 출입문을 봉쇄하고 승객들을 사흘 동안 갑판에 나가지 못하게 했습니다. 선원들로부터 간간이 전해지는 소식은 매우 불길했고 체력이 좋은 사람들도 낯빛이 창백해졌습니다. 바람은 더욱 맹렬해졌고 배는 심하게 요동쳤습니다. 여기저기서 주님을 향해 부르짖는 소리가 들렸습니다. 시간이 지나면서 날씨가 다시 좋아졌습니다. 그러자 주님의 이름을 부르던 사람들은 다시 술을 마시고 욕설을 내뱉으며 카드놀이를 했습니다.

이에 대해 "그렇다면 로마서 10장 13절의 말씀을 어떻게 생각해야 합니까?"라고 물을 사람이 있을 것입니다. 물론 말씀에는 주의 이름을 부르는 자가 구원을 받는다고 되어 있지만 진실하지 못한 사람에게까지 그 의미를 적용할 수 있는 것은 아닙니다. 그리스도께서는 자신을 "주님"이라고 불렀던 사람들에게 "내게서 떠나가라"고 명령하셨습니다(마 7:22-23). 그러면 로마서 10장 13절을 어떠한 의미로 받아들여야 할까요? 이 말씀의 의미를 알려면 구원을 받기 전에 죄인이 해야 할 일을 설명하는 다른 성경 구절과 이 구절을 면밀하게 비교해 봐야 합니다.

죽음이나 지옥이 두려워 주님을 부르짖는 것이라면 그것은 나무에 대고 구원을 호소하는 것과 다를 바 없습니다. 전능하신 하나님은 공포에 질려 자비를 구하는 죄인의 뜻에 좌지우지되시는 분이 아닙니다. 성경은 이렇게 말합니다.

"사람이 귀를 돌려 율법을 듣지 아니하면 그의 기도도 가증하니라"(잠 28:9).

"자기의 죄를 숨기는 자는 형통하지 못하나 죄를 자복하고 버리는 자는 불쌍히 여김을 받으리라"(13절).

하나님은 애통하는 마음으로 죄를 미워하며 의에 목말라하는 사람이 주의 이름으로 부르짖는 기도에만 관심을 기울이십니다.

이 원리는 사도행전 16장 31절의 "주 예수를 믿으라 그리하면 너와 네 집이 구원을 받으리라"는 말씀을 비롯해 그와 비슷한 성경 본문들에도 똑같이 적용됩니다. 이와 같은 말씀들은 언뜻 보면 매우 단순해 보이지만 깊이 들여다보면 처음 생각했던 것보다 훨씬 많은 의미를 담고 있습니다.

바울과 실라는 빌립보 간수에게 "그리스도가 이루신 속죄사역을 믿으라"거나 "그분이 치르신 대속의 희생을 의지하라"고 말하지 않았습니다. 그들은 간수 앞에 예수님의 인격을 제시했습니다. 예수 그리스도를 구원사만이 아니라 주님으로 영접하라고 권면한 것입니다. "영접하는 자 곧 그 이름을 믿는 자들에게는 하나님의 자녀가 되는 권세를 주셨으니"(요 1:12)라는 말씀을 통해 '믿는' 것이 곧 '영접'을 의미한다고 확실하게 말합니다. 구원받기 원하는 죄인은 예수님을 구원자로, 주님으로 영접해야 합니다. 사실 예수님을 먼저 주님으로 영접해야만 비로소 그분이 구원자가 되십니다. "그리스도 예수를 주로"(골 2:6) 영접하는 것은 스스로 주인이 되려는 태도를 버리고, 그분에게 대적하는 죄의 무기를 모두 내려놓으며, 기꺼이 그분의 멍에를 짊어지고 그분의 다스림을 받는 것을 의미합니다.

강퍅한 인간이 그렇게 하려면 먼저 그 안에서 은혜의 기적이 일어나야만 합니다.

구원 신앙에 나타나는 하나님의 은혜

구원 신앙은 인간의 마음에서 저절로 생겨나는 것이 아니라, 위로부터 전달되는 영적 은혜입니다. 즉, 구원 신앙은 "하나님의 선물"(엡 2:8)이자 "하나님의 역사"(골 2:12)요, "하나님의 능력"(고전 2:5)으로 말미암는 결과입니다. 성경에서 이 주제를 가르치는 가장 확실한 본문은 에베소서 1장 16-20절입니다. 사도 바울은 성도들의 마음의 눈이 열리기를 바라는 마음으로 이렇게 기도했습니다.

"그의 힘의 위력으로 역사하심을 따라 믿는 우리에게 베푸신 능력의 지극히 크심이 어떠한 것을 너희로 알게 하시기를 구하노라 그의 능력이 그리스도 안에서 역사하사 죽은 자들 가운데서 다시 살리시고……"(엡 1:19-20).

바울은 단지 하나님의 강력한 능력이나 위대한 능력이라 하지 않고 "우리에게 베푸신 능력의 지극히 크심"이라고 했습니다. "그의 힘의 위력으로 역사하심을 따라 믿는 우리"라는 말씀에서 알 수 있듯 우리가 믿음을 갖게 되는 것은 하나님의 능력, 곧 "그리스도를 죽은 자 가운데서 다시 살리신" 그 능력이 역사하기 때문입니다.

사탄과 그의 군대를 비롯한 악의 세력은 은혜의 능력을 맹렬하게 방해했지만 하나님은 결국 죽으신 그리스도를 다시 살리시는 놀라운 역사를 일으키셨습니다. 하나님 외에는 아무도 이룰 수 없는 기적이었습니다. 구원 신앙을 일으키는 은혜의 기적도 그와 똑같습니다. 죄인은 죄와 허물로 죽은 상태입니다. 피조물이 세상을 창조할 수 없는 것처럼 죄인도 스스로를 살릴 수 없습니다. 그의 마음이 육신의 정욕이라는 수의(壽衣)에 단단히 묶여 있기 때문입니다. 게다가 마귀는 포로로 잡은 죄인을 놓아주지 않으려고 온갖 기지와 능력을 발휘합니다. 오직 전능하신 하나님만이 죽은 죄인을 다시 살려 그분과 교제하게 하실 수 있습니다. 따라서 주님의 진실한 종들은 사도 바울을 본받아 진지한 태도로 기도해야 합니다. 하나님이 신자들의 눈을 열어주셔서 기적 중의 기적을 보고 영광을 받기에 지극히 합당하신 하나님을 찬양하게 해달라고 기도해야 합니다.

우리가 살아가고 있는 시대는 여러모로 왜곡되어 있습니다. 교양과 도덕을 갖춘 사람이나 속되고 사악한 사람이나 하나님을 대하는 마음의 태도는 조금도 다르지 않습니다. 동료에게 선과 친절을 베푸는 사람이나 잔인하고 이기적인 사람이나 그리스도를 진정으로 바라는 마음이 없기는 마찬가지입니다. 인간의 타락한 본성을 이해한다면 오직 은혜의 기적만이 구원 신앙을 가능하게 한다는 사실을 받아들일 수 있을 것입니다.

하나님의 은혜를 통해 마음이 변화되지 않는 한 구원 신앙을 가질 수 없습니다. 세상을 창조할 때 하나님의 능력이 필요했습니다. 하지만 영혼이 거듭나게 하는 데에는 그보다 훨씬 더 큰 능력을 필요로 합니다. 창조는 무에서 유를 창조하는 것이지만, 중생은 하늘의 토기장이이신 하나님의 은혜로운 계획에 필사적으로 저항하는 추악한 인간을 새롭게 재창조하는 일이기 때문입니다.

구원 신앙에 나타나는 하나님의 능력

성령님께서 상대하셔야 하는 인간은 어떤 존재입니까? 인간은 하나님을 사랑하지 않을뿐더러 그분과 반목함으로써 그분의 율법에 복종할 수 없는 존재입니다(롬 8:7). 더군다나 자신의 끔찍한 상태를 의식조차 하지 못합니다. 만일 그런 죄인에게 하나님의 사랑과 은혜와 자비와 선에 대한 말만 해준다면 그들이 그분을 미워할 이유는 전혀 없을 것입니다. 하지만 그들에게 성경에 기록된 하나님을 전하면 사정은 곧 달라집니다. 우주의 통치자이신 하나님께서 모든 계명에 복종할 것을 요구하신다는 사실을 깨우쳐 주고, 그분은 지극히 의로운 분이기에 '형벌 받을 자를 결코 면죄하지 않으시며' 주권자로서 원하는 대로 긍휼히 여길 자를 긍휼히 여기시거나 미워할 자를 미워하신다는 사실을 알려 주어야 합니다. 또한 하나님은 피조물의 어리석음을 모른 척하며 방치해 버리는 게으르고 나태한 창조주가 결코 아닐뿐더러 지극히 거룩한 분이기에 불법을 행하는 자들을 그분의 의로운 분노로 반드시 징벌하신다는 사실을 말해 주어야 합니다. 이렇게 하면 죄인은 곧 하나님께 반감을 품고 격분할 것이 틀림없습니다. 그러한 분노를 없애고 하나님을 사랑하게 할 수 있는 힘은 오직 성령의 전능한 능력뿐입니다.

청교도 토머스 굿윈은 다음과 같이 말했습니다.

> 율법은 인간이 섬겨야 할 옛 남편이라고 말할 수 있다(롬 7:6). 인간의 부패한 마음이 이러한 하나님의 율법에 복종하는 것은 늑대와 양이 결혼하는 것만큼 어렵다. 하나의 사물이 전혀 다른 사물로 바뀌는 것처럼 엄청난 기적이다. 볼품없는 것과 귀한 것에는 큰 차이가 있다. 그러나 죄와 은혜는 이보다 훨씬 큰 차이, 곧 볼품없는 것과 하늘의 가장 위대한 신성만큼의 차이가 존재한다.……인간 영혼에 있는 죄의 권세를 파괴하는 일은 죄의식이나 죄책감을 없애는 일만큼이나 위대하다. 죄의

권세 아래 놓인 사람에게 "거룩하게 살라"고 말하는 것보다 소경에게 "보라"고 하거나 앉은뱅이에게 "걸으라"고 말하는 편이 더 쉽다.

사도 바울은 고린도후서 10장 4-5절에서 그리스도의 참된 종이 행해야 할 사역의 성격을 설명합니다. 그것은 사탄의 세력과의 싸움입니다. 사탄의 전략과 무기는 육적인 것이 아닙니다. 그러므로 설교자가 마귀에게 사로잡혀 있는 영혼들을 세상의 학식이나 처세, 감동적인 일화, 듣기 좋은 음악 등으로 해방할 수 있다고 생각하는 것은 군인이 나무칼과 종이 방패를 들고 싸움터에 나가는 것과 같습니다.

하나님의 종은 성경과 기도를 무기로 삼아야 합니다(엡 6:17-18). 물론 이런 무기도 하나님의 능력이 있어야만, 즉 그분이 영혼들을 인도하시고 특별한 은혜를 내려주실 때만 그 힘을 발휘할 수 있습니다. 하나님의 능력은 적대 세력을 정복하는 데서 명확히 드러납니다. 바울은 이러한 능력을 가리켜 "오직 어떤 견고한 진도 무너뜨리는 하나님의 능력이라 모든 이론을 무너뜨리며 하나님 아는 것을 대적하여 높아진 것을 다 무너뜨리고 모든 생각을 사로잡아 그리스도에게 복종하게 하니"(고후 10:4-5)라고 설명했습니다.

하나님의 능력은 죄인을 구원하기를 기뻐하실 때도 나타납니다. 죄인의 마음은 마치 요새처럼 하나님을 대적합니다. 하나님의 거룩하고 의로운 요구에 단호히 맞섭니다. 죄인의 마음은 하나님의 율법에 복종하기를 거부하며 그분이 금하는 우상을 포기하려 들지 않습니다. 세상과 죄의 쾌락에서 돌이켜 하나님을 가장 사랑해야 하는데도 그들은 그렇게 하지 않으려고 안간힘을 씁니다.

하지만 하나님은 그런 강력한 반발을 제압하시고 죄인을 사랑스럽고 충실한 신자로 만드십니다. 여기에 사용된 비유는 포위된 요새로, 우리의 완악한 마음을 뜻합니다. 속된 육신의 정욕이 지배하는 마음의 요새가 무너지고 자기 고집이 깨어지며 교만한 마음이 정복될 때 저항으로 일관하던 죄인은 결국 '그리스도께 복종'하기에 이릅니다.

에베소서 1장 19-20절은 또 다른 비유를 사용해 하나님의 능력을 설명하고 있습니다. 바울은 하나님의 능력이 그리스도를 "하늘에서 자기의 오른편에 앉히셨다"고 말합니다. 그리스도의 부활하신 육체는 영광스러운 신성에 적합한 몸으로 완전하고 영광스럽게 변화되었습니다. 그리스도의 승천은 중력이라는 자연 법칙을 거슬렀습니다. 하나님의 능력이 중력을 뛰어넘어 부활하신 예수님을 하늘로 끌어올리신 것입니다. 그와 마찬가지로 하나님의 은혜는 구원받은 죄인의 마음이 육신이라는 자연 상태를 거스르고 위에 있는 것을 향하도록 이끕니다. 사람이 지면에서 하늘로 붕 떠오르는 광경을 본다면 모두들 놀라 눈이 휘둥그레질 것입니다. 하지만 성령의 능력이 부패한 죄인을 움직여 유혹과 죄와 속된 삶을 극복하고 천국의 공기를 호흡하며 살아가게 하는 것은 더욱 놀라운 일입니다. 인간의 영혼이 세상의 것을 멸시하고 위의 것에서 만족을 얻는 것은 기적 중에 기적입니다.

구원 신앙에 나타나는 죄를 깨달음

에베소서 1장 19, 29절은 우리의 머리 되시는 그리스도께서 부활 승천하신 사건을 통해 그분의 지체인 우리가 거듭나는 순서를 보여 주고 있습니다. 하나님께서는 예수님을 하늘에서 당신의 오른편에 앉히시기 전에 먼저 죽은 자들 가운데서 살리셨습니다. 마찬가지로 성령님께서도 죄인의 마음을 그리스도께 고정시키시기 전에 그에게 새 생명을 주어 살아나게 하십니다. 보고, 믿고, 선한 일을 하려면 먼저 살아나야 합니다.

죽은 사람이 아무 일도 할 수 없듯이 영혼이 죽은 사람도 아무런 영적인 일을 행할 수 없습니다. 죽은 나사로가 움직이려면 먼저 그에게 생명이 임해야 하며, 그의 손과 발에 묶인 수의가 벗겨져야 합니다. 거듭남을 통해 하나님으로부터 생명을 받아야 비로소 그리스도 안에서 새로운 피조물이 될 수 있는 것입니다. 이는 아기가 태어난 후에야 그 몸을 씻길 수 있는 이치와 같습니다.

영혼이 새로 태어나야만 비로소 모든 실상을 바르게 볼 수 있습니다. 새로 거듭난 사람은 하나님의 빛 안에서 구원의 빛을 보게 되며, 자신이 일평생 창조주요 구원자이신 하나님을 대적해 왔음을 알게 됩니다. 또한 하나님의 뜻에 복종하지 않은 채 자신의 뜻을 고집해 왔으며 하나님의 영광을 구하지 않고 자신의 만족과 기쁨만 추구해 왔다는 사실을 깨닫게 됩니다. 비록 겉으로 큰 죄를 저지르지 않았더라도 영적으로는 지극히 부패했기에 거룩한 하나님 앞에 감히 다가

갈 수 없다는 사실을 의식하고 두려움에 사로잡혀, 마침내 스스로는 아무 소망도 없음을 발견하게 됩니다.

죄의 확신을 영혼 깊은 곳에서 뼈저리게 실감하는 것은 말로 듣거나 글로 읽는 것과 참으로 큰 차이가 있습니다. 그런 경험 없이 이론에만 밝은 사람들이 얼마나 많은지 모릅니다. 전쟁이 남긴 슬픈 상처를 책으로 읽으면 나름대로 전쟁이 무섭다는 생각을 하게 됩니다. 그러나 실제로 적군이 들어와 재산을 빼앗고 집에 불을 지르고 사랑하는 사람들을 죽이는 모습을 본다면 더욱 절실하게 전쟁의 불행을 느낄 것입니다. 불신자도 마찬가지입니다 하나님 앞에 선 죄인의 두려움과 지옥의 끔찍한 고통을 말로만 들었을 때는 다소의 불안을 느낄 뿐입니다. 그러나 성령께서 그의 마음에 실상을 일깨워 주시고 그의 양심으로 하나님의 진노의 불길을 느끼게 만드시면 낙심과 절망 속에서 마음이 무너질 것입니다.

오직 그런 영혼만이 진정으로 그리스도의 필요성을 의식할 수 있습니다. 건강한 사람은 의사가 필요하지 않습니다. 자신의 죄를 깨달은 사람만이 죄의 질병에 사로잡힌 자신을 구원하실 수 있는 분은 예수님밖에 없다고 믿으며, 오직 그분만이 자신의 영적 건강을 회복시켜 하나님의 계명을 지킬 수 있도록 도와주신다고 확신합니다. 그리스도의 보혈만이 지난날의 죄를 깨끗이 씻어줄 수 있으며, 그분의 온전하고 충족한 은혜만이 현재와 미래의 절실한 필요를 채워줄 수 있다고 믿습니다. 이렇듯 먼저 깨닫는 믿음이 있어야 비로소 그리스도께 나오는 믿음이 가능해집니다. 성부 하나님은 죄인의 마음을 움직여 그리스도의 무한한 가치와 절실한 필요성을 의식하게 하시고, 그의 의지를 움직여 하나님께 복종하게 하심으로 그를 그리스도께로 이끄십니다(요 6:44).

Chapter 5 구원 신앙의 열매

> '무엇을 믿고 있는지'는 '무엇을 행하는지'로 확인됩니다. 마음에서 진정한 은혜의 기적이 일어났다면 그 사람의 삶에는 분명한 변화가 나타납니다.

이 글을 읽는 대부분의 독자들은 자신이 구원 신앙을 가졌다고 말할 것입니다. 저는 그런 분들에게 "구원 신앙에 대하여 어떤 증거를 보여 줄 수 있습니까? 그 신앙이 당신의 인생에서 무슨 결과를 만들어 냈습니까?"라고 묻고 싶습니다. 나무는 열매로 알고 샘물은 그 흐르는 물로 알 수 있듯이, 구원에 이른 믿음의 성격은 그 열매를 주의 깊게 살펴봐야 알 수 있습니다. 여기서 제가 "주의 깊게 살핀다"라는 표현을 사용한 이유는 열매라고 해서 다 먹을 수 있거나, 물이라고 해서 다 마실 수 있는 것이 아니듯이 우리의 행위도 다 진정한 구원 신앙에서 비롯되는 것이 아니기 때문입니다. 모든 행위의 변화가 중생은 아니며 또한 삶의 변화가 곧 마음의 변화를 입증하는 것은 아닙니다. 하나님의 계명을 즐거워하시지 않고 그분의 서툴함을 날쌉게 여기지 않는 태도에서 구원받은 것인지, 교만과 탐욕과 불평에서 구원받은 것인지, 세상을 사랑하고 사람을 두려워하며 죄의 권세에 짓눌린 삶에서 구원받은 것인지 우리는 자신에게 물어봐야 합니다.

인간은 마음으로 생각하는 모든 계획이 악할 만큼 철저히 타락했습니다(창 6:5). 온통 부패한 욕망과 감정으로 가득한 인간의 마음은 모든 행위에 영향을 미칩니다. 복음은 이런 이기적인 욕망과 부패한 감정에 정면으로 대립합니다(딛 2:11-12). 복음은 우리의 영혼을 향해 육신의 정욕을 죽이는 것보다 더 큰 의무는 없다고 말합니다.

복음의 약속에 참여하려면 반드시 복음의 의무를 이행해야 합니다. 그 믿음의 첫 번째 사역은 갈라디아서 5장 24절의 "그리스도 예수의 사람들은 육체와 함께 그 정욕과 탐심을 십자가에 못 박았느니라"는 말씀대로 육체와 정욕과 탐심을 십자가에 못 박고 오염으로부터 영혼을 깨끗하게 하는 것입니다. 육신의 정욕을 죽이는 일은 앞으로 이행해야 할 의무일 뿐 아니라 이미 우리 안에서 어느 정도 이루어졌고 또한 이루어져 가고 있는 일입니다.

삶에 나타나는 성령의 열매

무엇을 믿는다고 생각하는 것과 무엇을 실제로 행하는 것은 별개의 문제입니다. 인간의 마음은 너무나 변덕스럽기 때문에 우리는 심지어 일상적인 일에서조차 자신이 생각하는 바를 알지 못합니다. 따라서 우리가 실제로 무엇을 믿고 있는지는 오직 우리의 행위를 통해서만 확인할 수 있습니다.

　제가 좁은 협곡에서 어떤 여행자를 만나 우리 앞에 큰 강이 있는데 다리가 썩어 도저히 건널 수 없다고 말했다고 가정해 봅시다. 그 말을 듣고도 그가 발길을 돌이키지 않고 앞으로 간다면 그가 제 말을 믿지 않았다고 결론지을 수 있습니다. 또 의사가 병에 걸린 제게 처방을 따르지 않으면 죽게 된다고 말했는데도 제가 의사의 지시와 반대로 행동한다면 의사는 제가 그의 판단을 믿지 않는다고 생각할 것입니다. 마찬가지입니다. 지옥이 있다고 믿으면서도 지옥을 향해 달려간다거나, 계속 죄를 지으면 심판받는 것을 믿으면서도 여전히 죄 가운데 살아간다면 그런 신앙이 무슨 소용이겠습니까?

　지금까지의 내용을 토대로 생각해 볼 때 우리는 하나님께서 허락하신 구원 신앙이라면 반드시 실질적이고 혁신적인 결과가 뒤따르게 된다는 결론에 도달합니다. 죽었다가 다시 살아난 사람은 이제 새 생명을 지니고 살아가는 것입니다. 그러므로 마음에서 진정한 은혜의 기적이 일어났다면 그를 아는 모든 사람이 분명히 알 수 있는 변화가 뒤따를 것입니다. 초자연적인 뿌리가 심어졌으니 초자연적인 열매가 맺히는 것은 너무나도 당연합니다. 물론 이 세상에서는 죄가 전혀 없는 완전에 도달할 수 없습니다. 또한 죄악의 도구인 육신이 우리에게서 완전히 제거되거나 정화되지도 않습니다. 그러나 완전해지고자 하는 강한 열망은 존재할 수 있으며, 영으로 육신을 대적하고 의지로 죄에 대항하는 역사가 일어날 수 있습니다. 또한 은혜 안에서 성장이 이루어지고 천국으로 향하는 좁은 길을 힘써 걸어갈 수 있습니다.

오늘날 정통 신앙을 따르는 교회들이 범하고 있는 심각한 잘못이 하나 있습니다. 이것으로 인해 많은 심령이 스스로 속고 있습니다. 그것은 바로 오직 그리스도의 보혈만을 강조하는 가르침입니다. 언뜻 보면 그리스도를 높이는 교리 같습니다. 그러나 사탄은 매우 영악해서 어떤 미끼를 사용해야 사람들을 낚아 올릴 수 있을지 정확히 알고 있습니다. 사람들은 세례와 성찬이 영혼 구원의 수단이라고 말하는 설교자에게는 분노하면서 그리스도의 보혈만으로 구원받는다는 의미를 너무나도 쉽게 받아들입니다. 이는 하나님 편에서는 사실이지만 인간 편에서는 그렇지 않습니다. 우리 안에서 이루어지는 성령의 역사는 우리를 위한 그리스도의 속죄 사역만큼이나 구원에 필수적입니다. "우리를 구원하시되 우리가 행한 바 의로운 행위로 말미암지 아니하고 오직 그의 긍휼하심을 따라 중생의 씻음과 성령의 새롭게 하심으로"(딛 3:5)라는 말씀을 기억하기 바랍니다.

구원은 법적 차원과 경험적 차원을 지닙니다. 즉, 칭의와 성화를 동시에 포함하는 것입니다. 칭의는 구원의 법적 차원이고 성화는 구원의 경험적 차원입니다. 우리의 구원은 예수님뿐 아니라 성삼위 하나님 모두에게 의존합니다. 오늘날 이 사실을 깨닫는 사람이나 전하는 사람이 너무도 적습니다.

우리의 구원은 성부 하나님께 우선적으로 의존합니다. 그분은 구원을 작정하고 계획하셨으며 우리를 구원할 백성으로 선택하셨습니다. 디도서 3장 4절은 성부 하나님을 "우리 구주 하나님"이라고 일컬었습니다. 그리고 우리의 구원은 인간의 몸으로 태어나신 성자 하나님의 복종과 희생에 의존합니다. 그분은 우리를 대신해 율법의 요구를 모두 만족시키셨고 우리의 구원은 그분의 공로로 말미암습니다. 마지막으로 우리의 구원은 성도의 중생과 성화와 보존의 사역을 담당하시는 성령 하나님께 의존합니다. 그분을 통해 구원의 실질적인 효과가 나타납니다. 누가복음 15장 4-7절과 8-10절을 비교하면 성령의 사역이 목자의 사역만큼이나 탁월하게 묘사되어 있음을 알 수 있습니다. 특히 디도서 3장 5절은 "우리를 구원하시되 우리의 행한 바 의로운 행위로 말미암지 아니하고 오직 그의 긍휼하심을 따라 중생의 씻음과 성령의 새롭게 하심으로 하셨나니"라고 말합니다. 구원의 즉각적인 결과는 우리의 마음과 삶에 나타나는 성령의 열매입니다.

구원 신앙의 열매 1: 순결한 마음, 겸손, 온유

바울은 "사람이 마음으로 믿어 의에 이르고"(롬 10:10)라고 말했습니다. 그러므로 구원 신앙의 증거를 찾기 위해 가장 먼저 조사해야 할 곳은 마음입니다. 사도행전 15장 9절은 "믿음으로 그들의 마음을 깨끗이 하사"라고 말했으며, 하나님은 "예루살렘아 네 마음의 악을 씻어 버리라 그리하면 구원을 얻으리라"(렘 4:14)고 말씀하셨습니다.

믿음으로 깨끗해진 마음이란(벧전 1:22 참조) 순결하신 주님께 고정된 마음을 가리킵니다. 그런 마음은 순결한 샘에서 물을 마시고 하나님의 순결한 계명을 즐거워하며(롬 7:22), 순결하신 구세주와 영원히 살기를 고대합니다(요일 3:3). 믿음으로 깨끗해진 마음은 도덕적, 영적으로 더러운 것은 무엇이든 혐오하고 육체로 더러워진 옷을 미워합니다(유 1:23). 그리고 거룩하고 사랑스러우며 그리스도를 닮은 것은 열렬히 사랑합니다.

예수님은 "마음이 청결한 자는 복이 있나니"(마 5:8)라고 말씀하셨습니다. 청결한 마음은 "속된 것이나 가증한 일 또는 거짓말하는 자는 결코 그리로 들어가지 못"(계 21:27)할 장소에서 살아가기 위한 필수 조건입니다. 좀 더 자세히 설명하면 다음과 같습니다. 믿음으로 마음을 깨끗하게 하는 것은 첫째로 하나님의 빛을 통해 생각이 정화됨으로써 오류에서 벗어나는 것이고, 둘째로 양심이 정화되어 죄책에서 벗어나는 것이며, 셋째로 의지가 정화되어 자기 고집과 자기만족에서 벗어나는 것이고, 넷째로 감정이 정화되어 악을 사랑하는 마음에서 벗어나는 것을 의미합니다. 이 가운데 한 영역에서라도 고의로 죄를 지으면 순결한 마음을 유지할 수 없습니다.

겸손한 마음 역시 구원 신앙의 특징 중 하나입니다. 구원 신앙은 마음을 겸손하게 만들어 스스로의 악함과 공허함과 무력함을 깨닫게 합니다. 또한 겸손한 마음은 이제껏 죄가 가득한 삶을 살아왔고 지금도 아무런 자격이 없다는 생각으로 자신의 약점과 부족함과 속됨과 부패함을 의식하게 합니다. 이처럼 구원 신앙은 그리스도를 한 껏 높이고 인간을 낮춥니다. 하나님은 그분의 풍성한 은혜를 영화롭게 하시려고 구원 신앙이라는 믿음을 가장 적합한 도구로 선택하셨습니다. 그 이유는 믿음이 우리 자신을 온전히 버리고 오로지 하나님만 바라보게 만들기 때문입니다.

믿음은 우리가 비참한 죄인이라는 사실을 의식하고 빈손으로 그리스도께 나아가 그분에게서 모든 것을 받게 합니다. 우리에게서 자만심과 자신감과 자기 의를 제하고, 우리 자신은 아무것도 아니며 오직 그리스도만이 전부라고 생각하게 만듭니다. 최고의 믿음에는 언제나 최고의 겸손이 뒤따릅니다. 겸손한 사람은 스스로를 죄인 중의 괴수로 여기고 가장 적은 은혜조차 받을 자격이 없다고 생각합니다.

구원 신앙의 또 다른 특징은 온유한 마음입니다.

"또 새 영을 너희 속에 두고 새 마음을 너희에게 주되 너희 육신에서 굳은 마음을 제거하고 부드러운 마음을 줄 것이며"(겔 36:26).

거듭나지 못한 마음은 돌처럼 단단하며 교만하고 뻔뻔스럽습니다. 그런 마음은 그리스도의 고난에도 아무 감명 없이 자기 고집과 자기만족을 추구하는 데 여념이 없습니다. 하지만 참 신자는 그리스도의 사랑에 깊은 감동을 받고 "죽기까지 나를 사랑하신 주님께 어떻게 죄를 지을 수 있겠는가?"라고 말합니다. 혹시라도 잘못을 저지르면 몹시 애통해 합니다. 하나님 앞에서 심령이 녹아진 적, 다시 말해 구세주를 슬프시게 한 죄를 깊이 뉘우치며 고민해본 적이 있습니까? 하나님의 참 자녀와 거짓 신자를 구별하는 시금석은 죄를 짓지 않는 것이 아니라 죄에 대해 애통하는 마음입니다.

이 밖에도 구원 신앙은 "사랑으로써 역사하는"(갈 5:6) 특징이 있습니다. 여기서 우리는 구원 신앙이 적극적인 성격을 띤다는 사실을 알 수 있습니다. "하나님의 역사"(골 2:12)에서 비롯하는 믿음은 강력한 능력을 지니기 때문에 영혼의 모든 기능에 영적 에너지를 공급하여 하나님을 섬기게 합니다. 구원 신앙은 하나님에 대하여 살게 만드는 생명의 원리입니다. 신자는 구원 신앙의 믿음을 행동 원리로 삼아 거룩한 길을 따라 천국을 향해 걸어가며, 믿음의 능력으로 육신과 세상과 마귀를 대적합니다.

존 번연은 『Christian Behaviour 기독교인의 행실』(국내 미출간_편집자 주)이라는 책에서 이렇게 말했습니다.

> 신자의 마음에 있는 믿음은 물을 정화하기 위해 부패한 샘의 근원에 뿌리거나 황량한 땅을 비옥하게 만드는 소금과 같다. 따라서 진정한 믿음에는 삶과 말의 변화가 뒤따르고 그에 합당한 열매가 맺힌다. 성경은 "선한 사람은 그 쌓은 선에서 선한 것을 내고"(마 12:35)라고 말한다. 여기에서 마음에 쌓은 선이란 믿음을 말한다.

구원 신앙의 열매 2: 사랑과 믿음

마음에 심어진 구원 신앙은 계속 자라나 복종의 가지를 넓게 펼치며 의의 열매를 주렁주렁 맺습니다. 구원 신앙은 하나님을 위해 사는 삶을 독려함으로써 이론에 머무는 믿음이 아니라 살아 역동하는 믿음을 갖게 합니다. 갓 태어난 아기는 성인처럼 걷거나 일할 수 없지만, 호흡하고 울부짖고 움직이고 젖을 먹음으로써 살아 있음을 보여 줍니다. 거듭난 사람도 마찬가지입니다. 거듭난 사람은 하나님을 갈망하고 그분을 향해 울부짖으며 그분을 향해 나아가고 그분을 굳게 붙잡습니다. 또한 갓난아이가 언제까지나 갓난아이로 머물지 않고 점차 자라면서 힘도 강해지고 활동의 폭도 더욱 넓어지는 것처럼 신자도 정체 상태로 머물지 않습니다. 그는 날마다 "힘을 얻고 더 얻어"(시 84:7) 나아갑니다.

하지만 기억하시기 바랍니다. 믿음은 그냥 역사하는 것이 아니라 '사랑으로' 역사합니다. 참 신자의 행위가 종교주의자들과 다른 이유가 여기에 있습니다.

데이비드 클락슨은 이렇게 말했습니다.

> 교황주의자는 천국에 갈 공로를 쌓기 위해 일하고, 바리새인은 사람들에게 칭찬과 존경을 받기 위해 일하며, 노예는 매 맞거나 욕을 듣지 않기 위해 일하고, 형식주의자는 아무것도 하지 않는다고 꾸짖는 양심의 사책을 날래기 위해 일하며, 명목상의 신자는 고백만 많이 하고 행동

은 하지 않는 것이 부끄러워 일한다. 하지만 참 신자는 사랑하기 때문에 일한다. 이것이 참 신자를 일하게 만드는 원리요 동기이다. 참 신자가 하나님을 위해 일하고 그리스도를 위해 행동하는 이유는 그분을 사랑하기 때문이다. 그것이 골수에서 불처럼 타오르는 그의 유일한 동기이다.

구원 신앙의 열매 3: 순종

구원 신앙은 언제나 순종하는 삶을 동반합니다. 성경은 "우리가 그의 계명을 지키면 이로써 우리가 그를 아는 줄로 알 것이요 그를 아노라 하고 그의 계명을 지키지 아니하는 자는 거짓말하는 자요 진리가 그 속에 있지 아니하되"(요일 2:3-4)라고 말합니다. 그러므로 오해하지 마십시오. 그리스도의 희생의 공로가 아무리 위대하고 그분의 중보 사역이 아무리 강력하다 해도 불순종의 길을 고집하는 사람에게는 아무 소용이 없습니다. 예수님은 자신을 주님으로 알고 공경하는 사람 외에는 누구도 제자로 인정하지 않으셨습니다.

스펄전은 "혼인 예복"이라는 설교에서 이렇게 말했습니다.

성령의 거룩하게 하시는 사역에 무관심하면서도 그리스도의 의가 자신에게 전가되었다고 믿으며 스스로 위안을 삼는 신자가 너무 많다. 그들은 복종의 예복을 입기 거부한다. 성도의 의를 상징하는 흰 세마포도

거절한다. 그들은 자기 고집을 드러내고 하나님과 반목하며 그분의 아들에게 불순종한다. 그런 사람들은 믿음으로 의롭다 함을 받고 은혜로 구원받는다는 사실을 입에 올리지만 정작 마음속에는 불순종이 가득하다. 그들이 입고 있는 혼인 예복은 그들이 가차 없이 비난을 퍼붓는 사람들, 곧 자기 의를 주장하는 사람들의 혼인 예복과 별반 다를 게 없다. 진정으로 은혜의 축복을 원한다면 이것저것 구미에 맞는 것만 찾지 말고 은혜의 규칙에 마음으로 온전히 복종해야 한다.

구원 신앙은 매우 보배롭습니다. 왜냐하면 금처럼 연단을 견뎌 내기 때문입니다(벧전 1:7). 참 신자는 시험을 두려워하지 않습니다. 오히려 하나님의 시험을 기꺼이 감당하기를 원합니다. 그는 "여호와여 나를 살피시고 시험하사 내 뜻과 내 양심을 단련하소서"(시 26:2)라고 부르짖습니다. 그는 성경을 확고한 시금석으로 삼기 때문에 다른 사람들이 자신의 믿음을 시험해도 흔쾌히 허용하며 더 나아가 자기기만에 빠지지 않기 위해 자기 자신을 시험합니다. 그는 자신의 장점은 물론 약점을 파악하는 데 열심입니다. 마음을 분별하고 성찰하는 데 도움이 되는 설교를 가장 좋아합니다.

참 신자는 헛된 소망에 현혹되는 것을 싫어하고 아무 근거 없이 자신의 영적 상태를 자랑하는 잘못에 빠지지 않으려 합니다. 그리고 문제가 있다 싶으면 곧바로 "너희는 믿음 안에 있는가 너희 자신을 시험하고 너희 자신을 확증하라 예수 그리스도께서 너희 안에 계신 줄을 너희가 스스로 알지 못하느냐 그렇지 않으면 너희는 버림 받은 자니라"(고후 13:5)는 사도 바울의 권고를 따릅니다.

그러나 형식주의자는 다릅니다. 그는 교만에 사로잡혀 자기 자신을 높이 평가할 뿐 아니라 그리스도께서 자신을 구원하셨다고 확신합니다. 또한 무슨 시험이든 무시하며 자아 성찰을 믿음에 해악을 끼치는 행위로 생각합니다.

형식주의자들은 양심을 자극하지 않고 적절히 예의를 갖춘 설교를 가장 좋아합니다. 그리스도의 속죄 사역을 강조하며 그것을 믿기만 하면 영원한 구원이 보장된다는 식의 설교를 들으며 거짓 평안과 속된 자신감을 갖습니다. 혹시라도 하나님의 진실한 종이 그에게 "당신의 평안은 거짓이며 당신의 자신감은 주제넘은 것이요"라고 말하면 그는 마치 사탄이 다가와 자신을 의심하게 만들기라도 한 것처럼 그를 원수로 취급합니다. 스스로를 속이는 사람보다 차라리 살인자가 구원받을 가능성이 더 높습니다.

구원 신앙의 열매 4: 세상에 대한 승리

구원 신앙의 또 다른 특징은 세상 것에 대한 근심과 허영을 극복하는 것입니다. 성경은 "무릇 하나님께로부터 난 자마다 세상을 이기느니라 세상을 이기는 승리는 이것이니 우리의 믿음이니라"(요일 5:4)고 말합니다. 이는 신자가 추구해야 할 이상이 아니라 현재 경험하고 있는 현실입니다. 이 점에서 성도는 "담대하라 내가 세상을 이기었노라"(요 16:33) 하고 말씀하신, 머리 되신 주님을 닮았습니다. 그리스도께서는 자기 백성을 위해 세상을 이기셨고 이제는 그들 안에서 다시 세상을 이기고 계십니다. 그분은 성도의 눈을 열어 세상 것이 아무리 화려해 보여도 결국 헛되고 무가치하다는 사실을 깨닫게 하십니다. 그리고 영적인 축복으로 만족시켜 세상에 마음을 두지 않게 이끄십니다. 하나님의 참 자녀는 세상에 미혹되지 않고 하나님이 세상에서 자신을 부르실 그날을 손꼽아 기다립니다.

안타깝게도 그리스도의 이름을 믿는다고 하면서 이런 것을 경험으로 아는 사람은 매우 드뭅니다. 구원 신앙과 거리가 먼 신앙에 현혹된 사람이 너무도 많습니다.

미국 장로교 조직신학자였던 찰스 핫지는 "그가 모든 사람을 대신하여 죽으심은 살아 있는 자들로 하여금 다시는 그들 자신을 위하여 살지 않고 오직 그들을 대신하여 죽었다가 다시 살아나신 이를 위하여 살게 하려 함이라"(고후 5:15)는 말씀을 이렇게 해석했습니다.

참 신자는 그리스도를 위해 산다. 이보다 더 쉬운 조건으로, 기독교인이 될 수 있다고 생각하는 사람이 많다. 그들은 그리스도를 위해 살지 않아도 그분을 믿을 수 있다고 생각한다. 하지만 성경은 그리스도의 죽음에 동참하지 않으면 그분의 생명에 참여할 수 없다고 가르친다. 우리를 위해 죽으신 그리스도의 사랑에 깊이 감사하고 그분의 공로를 진심으로 의지한다면 그분을 섬기는 일에 우리의 삶을 바쳐야 한다. 이것이 참 신앙의 유일한 증거이다.

찰스 핫지의 이야기가 당신의 경험에서 구체화되고 있습니까? 만일 그렇지 않다면 여러분의 신앙고백은 무익할 뿐 아니라 악합니다. 조나단 에드워즈는 『신앙감정론』에서 이렇게 말했습니다.

악한 삶을 살거나 행위를 통해 거룩한 열매를 맺지 못하면서 선한 마음을 가지고 있는 척하는 것은 참으로 터무니없는 것이다. 죄의 길을 걸어가면서 하늘나라에 갈 것이라고 생각하고, 거룩한 실천도 없으면서 사후에 거룩한 사람으로 영접받을 것이라고 자위하는 사람은 나중에 재판관이신 하나님을 적당히 구슬릴 수 있을 것으로 생각한다. 하지만 바울은 "스스로 속이지 말라 하나님은 업신여김을 받지 아니하시나니 사람이 무엇으로 심든지 그대로 거두리라"(갈 6:7)고 말했다. 이는 "세상에서 성령으로 씨를 뿌리지 않고서 영생을 거둘 것이라는 헛된 기대감을 갖지 말라. 하나님을 적당히 속일 수 있다는 생각은 어불성설이다"라는 의미이다.

그리스도의 제자는 세상에서 그분을 높이고 영화롭게 하며 그분을 위해 모든 고난을 감내하고 거룩하게 살아야 합니다. 이것이 그리스도께서 제자들에게 요구하신 것입니다. 그리스도의 이름을 믿는 사람이 그분을 영화롭게 하는 길은 그리스도의 사랑이 자신의 마음과 삶을 지배한다는 사실을 거룩한 복종을 통해 밝히 드러내는 것입니다. 그리스도의 거룩한 이름 아래 자신의 사악함을 감추고 세상에 순응하면서 자아를 기쁘게 하며 살아간다면 그것은 그리스도께 더할 수 없는 치욕과 불명예를 안겨 드리는 것입니다.

신자는 그리스도의 본을 따라야 합니다. 매일의 삶이 그리스도가 보여 주신 삶과 무관한데도 감히 신자를 자처한다면 이는 그분을 크게 욕되게 하는 것 아니겠습니까? 그런 사람은 그리스도에게 악취를 풍기고 참 신자들에게 큰 슬픔을 안겨 줍니다. 또한 그런 사람은 그리스도의 영광이 세상에 퍼지는 것을 가로막는 가장 큰 걸림돌이 됩니다. 하나님은 그런 사람을 위해 지옥에서 가장 뜨거운 곳을 준비하셨습니다. 우리는 자아를 기쁘게 하는 삶을 포기하든지, 모든 이름 중에 뛰어나신 그리스도의 이름을 더 이상 입에 올리지 않든지 둘 중 하나를 선택해야 합니다.

구원 신앙을 얻는 수단 : 기도와 말씀

이 글을 통해 하나님의 인도를 받으며 자신의 그릇된 자신감과 기만을 깨뜨리고 참된 구원 신앙에 이르는 방법을 진지하게 묻는 사람이 있다면 저는 그에게 하나님이 정하신 수단을 활용하라고 조언하고 싶습니다. 믿음은 하나님의 선물이기 때문에 그것을 얻으려면 전적으로 그분의 방법을 따라야 합니다. 참된 구원 신앙을 원한다면 하나님의 전달 방식에 온전히 순응하십시오. 믿음을 주시는 분은 하나님이지만 그분은 정하신 수단을 통해 사역하십니다. 물론 수단은 그 자체로 아무 효력이 없습니다. 믿음이 저절로 발생되지는 않는다는 말입니다. 하나님은 수단에 제한당하지 않고 자유롭게 사역하시지만, 우리는 구원 신앙을 얻기 위해 믿음의 수단을 필요로 합니다.

첫 번째 수단은 기도입니다. 하나님은 "새 영을 너희 속에 두고 새 마음을 너희에게 주되"(겔 36:26)라고 말씀하셨습니다. 이는 은혜의 약속입니다. 그렇다면 하나님은 이와 같은 은혜의 약속들을 어떻게 이루실까요? 다음 성경 말씀을 귀담아 듣기 바랍니다.

"주 여호와께서 이같이 말씀하셨느니라 그래도 이스라엘 족속이 이같이 자기들에게 이루어 주기를 내게 구하여야 할지라"(37절).

진지한 태도를 가지고 하나님께 새 마음과 거듭나게 하시는 성령과 구원 신앙의 선물을 구해야 합니다. 기도는 보편적인 현상입니다.

두 번째 수단은 기록된 말씀을 읽거나 듣는 것입니다. 다윗은 "내가 주의 법도들을 영원히 잊지 아니하오니 주께서 이것들 때문에 나를 살게 하심이니이다"(시 119:93)라고 말했습니다. 성경은 하나님의 말씀입니다. 하나님은 성경을 통해 말씀하십니다. 따라서 성경을 읽으면서 "하나님, 제 마음을 향해 생명과 능력과 구원과 평화를 말씀해 주소서"라고 간구해야 합니다. 주님께서 이렇게 간구하는 당신에게 큰 축복을 베풀어 주시기를 기도합니다.

✛ ✛ ✛

타락하고 부패한 인간은 스스로의 힘으로 그리스도께 나아갈 수 없습니다. 성령 하나님의 초자연적인 사역이 필요합니다. 성령께서는 우리에게 그리스도를 알아 가는 산 지식(생각)과 그리스도를 사모하는 마음(감정)을 불어넣으시고 그분께 철저히 순종하는 의지를 갖도록 우리를 도우십니다.

3

그리스도께 나아가라

SAVING FAITH

Chapter 1

그리스도께 나아갈 수 없는 인간의 실존

인간은 생각과 감정과 의지, 이 모든 부분에서 완전히 부패했습니다. 이를 전적 부패(Total Depravity)라고 부릅니다. 그러므로 인간은 자아의 욕망을 좇고 세상과 죄를 하나님보다 더 사랑하게 되었습니다. 하나님의 초자연적인 능력 안에서 새로운 피조물로 거듭나지 않는 한, 인간은 스스로의 힘으로 그리스도께 나아갈 수 없습니다.

이번 장을 시작하기에 앞서 일곱 개의 성경 구절을 살펴보도록 하겠습니다.

첫째는 "그러나 너희가 영생을 얻기 위하여 내게 오기를 원하지 아니하는도다"(요 5:40) 라는 말씀입니다. 이 말씀은 거듭나지 않은 사람 모두를 향한 것입니다. 자연 상태에 머물러 있는 사람은 그리스도께 나올 수 없습니다. 예수님의 신성과 인성은 지극히 탁월하고 "그

전체가 사랑"(아 5:16)스러우시지만 아담의 타락한 후손은 그분에게서 사모할 만한 아름다움을 발견하지 못합니다. 그리스도에 관한 교리를 배우고, 그분에 대해 확증하는 성경의 진리를 받아들이며, 그분의 속죄 사역을 의지한다고 고백하지만 마음은 그분에게서 한없이 멀어져 있습니다.

그들은 세상의 것을 우선적으로 사랑합니다. 자아를 만족시키는 데 주된 관심을 둡니다. 또 그리스도께 삶을 바치지 않습니다. 그들은 죄를 너무 사랑하기에 지극히 거룩하신 주님을 기쁘게 반기지 못할뿐더러 이기적인 마음 때문에 주님이 요구하시는 제자의 임격한 조건을 감당하지 못합니다. 하나님이 은혜의 기적을 베푸시지 않으면 그들이나 우리나 모두 그럴 수밖에 없습니다.

둘째는 "수고하고 무거운 짐 진 자들아 다 내게로 오라 내가 너희를 쉬게 하리라"(마 11:28)는 말씀입니다. 이 구절은 긍휼이 풍성하신 주님께서 특정한 죄인들에게 은혜로운 초청을 제시하시는 말씀입니다. 주님이 누구를 부르십니까? "수고하고 무거운 짐 진 자들"입니다. 하나님의 영광과 영원한 생명에 무관심한 채 쾌락과 오락을 추구하며 안일하게 살아가는 사람들에게는 이 말씀이 적용되지 않습니다. 그들은 "네 어린 때를 즐거워하며 네 청년의 날들을 마음에 기뻐하여 마음에 원하는 길들과 네 눈이 보는 대로 행하라 그러나 하나님이 이 모든 일로 말미암아 너를 심판하실 줄 알라"(전 11:9)는 말씀을 들어야 합니다.

"내게로 오라 내가 너희를 쉬게 하리라"는 예수님의 말씀은 율법을 지켜 하나님께 기쁨을 드리려고 열심히 노력하는 사람, 그분의 요구를 충족시킬 능력이 자신에게 없음을 알고 깊은 고민에 사로잡힌 사람, 죄의 권세와 오염으로부터 자유로워지기를 갈망하는 사람에게 적용됩니다.

셋째는 "나를 보내신 아버지께서 이끌지 아니하시면 아무도 내게 올 수 없으니"(요 6:44)라는 말씀입니다. 이 말씀은 그리스도께 나아오는 것이 생각만큼 쉽고 간단한 문제가 아님을 알려 줍니다. 인간의 몸을 입으신 성자께서는 하나님의 능력이 임하지 않는 한, 타락하고 부패한 인간이 자신에게 나오는 것은 불가능하다고 말씀하십니다. 참으로 인간의 교만과 육에 속한 자신감을 꺾어 버리는 말씀입니다.

그리스도께 나아가는 것은 설교자에게 설득되어 결신 카드에 서명을 한다거나 교회에 출석하는 등 사람이 만들어 낸 일정한 절차에 동조하는 것과는 거리가 멉니다. 누구든지 그리스도께 나오려면 먼저 초자연적인 역사를 통해 생각이 변화되고 강퍅한 고집이 깨어져야 합니다.

넷째는 "아버지께서 내게 주시는 자는 다 내게로 올 것이요 내게 오는 자는 내가 결코 내쫓지 아니하리라"(37절)는 말씀입니다. 이 말씀은 육신의 생각에 사로잡힌 사람에게는 그다지 달갑지 않은 것이겠지만, 성령의 가르침을 받은 하나님의 자녀에게는 한없이 달콤한 것입니다. 여기에는 하나님의 무조건적이며 차별적인 은혜가 나타나 있습니다. "아버지께서 내게 주시는 자"는 성부 하나님의 선택을 받은 사람을 말하는데, 이런 축복을 받은 사람만이 그리스도께 나올 수 있습니다.

원죄에서 비롯된 타락과 내면을 괴롭히는 죄의 법, 사탄의 증오와 방해, 무지한 설교자들에게서 나오는 왜곡된 진리 등 그 무엇도 그리스도께 나오는 것을 방해할 수 없습니다. 하나님이 정하신 때가 이르면 선택받은 사람은 어둠의 권세에서 벗어나 독생자 예수님의 나라로 들어갑니다. 아울러 그리스도께 나오는 자는 아무리 보잘것없고 죄를 많이 지었다 해도 결코 거절당하지 않습니다.

다섯째는 "무릇 내게 오는 자가 자기 부모와 처자와 형제와 자매와 더욱이 자기 목숨까지 미워하지 아니하면 능히 내 제자가 되지 못하고 누구든지 자기 십자가를 지고 나를 따르지 않는 자도 능히 내 제자가 되지 못하리라"(눅 14:26-27)는 말씀입니다.

이 말씀에는 그리스도의 제사가 될 수 있는 조건과 그분의 절대 주권이 나타나 있습니다. 그리스도는 모든 것의 주인이시기에 어떠한 비교나 경쟁 상대도 용납하지 않으십니다. 따라서 우리는 그분과 경쟁하려는 마음은 물론이요, 우리 자신이든 우리가 사랑하는 사람이든 육신에 속한 것을 모두 미워해야 합니다.

'십자가'는 제자 됨의 표지(標識)입니다. 그것은 몸에 착용하는 금배지가 아니라 마음에 새기는 자기부정과 자기희생의 원리입니다. 누구든지 그런 조건에 도달하려는 마음이 있다면 그것은 하나님의 초자연적인 은혜가 내면에서 강력하게 역사하고 있다는 확실한 증거입니다.

여섯째는 "사람에게는 버린 바가 되었으나 하나님께는 택하심을 입은 보배로운 산 돌이신 예수께 나아가"(벧전 2:4)라는 말씀입니다. 이 말씀은 처음에 시작한 대로 계속해서 그리스도께 나아가야 한다고 말합니다. 그리스도는 우리의 필요를 채워주실 수 있는 유일한 분이기에 우리는 그분께 은혜와 축복을 얻기 위해 매일, 자주 나아가야 합니다. 공허함을 느낄 때마다 그분의 충만한 데서 받고(요 1:16), 연약할 때는 그분께 힘을 구하며, 무지로 어두울 때는 새롭게 씻어 주시는 은혜를 구해야 합니다.

그리스도는 지친 자에게 새 힘을 주시고(사 40:31), 병든 자를 치유하십니다(출 15:26). 또한 그분은 슬픈 자를 위로하시며(벧전 5:7), 시험받는 자에게 구원을 베푸시는 분입니다. 현세와 내세에서 우리에게 필요한 모든 것이 그분 안에 있습니다. 첫사랑을 잃고 그리스도를 떠나 방황하고 있다면 회개하고 처음 행위를 가져야 합니다(계 2:5). 다시 말해, 처음 주님께 나왔을 때처럼 자신의 보잘것없음을 고백하고 그분의 자비와 용서를 구해야 합니다.

일곱째는 "그러므로 자기를 힘입어 하나님께 나아가는 자들을 온전히 구원하실 수 있으니 이는 그가 항상 살아 계셔서 그들을 위하여 간구하심이라"(히 7:25)는 말씀입니다. 이 말씀은 우리가 그리스도께 나아올 때 영원한 안전을 얻게 된다고 말합니다.

그리스도께서는 자기를 통해 하나님께 나아가는 자들을 온전히 구원하십니다. 또 "어제나 오늘이나 영원토록 동일"(히 13:8)한 마음으로 "세상에 있는 자기 사람들을 사랑하시되 끝까지 사랑"(요 13:1)하십니다. 히브리서 7장 25절의 말씀이 바로 그 증거입니다. 그분은 성부께서 항상 자신의 기도를 들으신다고 말씀하셨습니다(요 11:42). 따라서 위대한 대제사장이신 주님의 중보기도가 계속되는 한 그분의 가슴에 각인된 성도들은 결코 멸망하지 않습니다.

타락과 영적 무능력

이번에는 "나를 보내신 아버지께서 이끌지 아니하시면 아무도 내게 올 수 없으니"(요 6:44)라는 말씀을 출발점으로 삼아, 자연 상태의 인간이 그리스도께 결코 나아갈 수 없는 이유를 살펴보겠습니다. 신자들조차 이 말씀을 그토록 어려워하는 이유는 타락이 가져온 끔찍한 결과를 온전히 이해하지 못했기 때문입니다. 자기 마음에 있는 죄의 본성을 잘 모른다는 것은 참으로 두려운 일입니다. 성령께서 영적인 죽음의 잠을 깨우지 않으신다면 우리는 타락한 인간 본성의 끔찍한 실상을 보지 못할뿐더러 육신의 생각이 "하나님과 원수"(롬 8:7)가 된다는 사실을 깨닫지 못한 채 그리스도의 엄숙한 말씀을 거스르게 될 것입니다.

그러면 자연 상태의 인간은 어떤 점에서 전적으로 무능력할까요?

먼저 자연 상태의 인간도 인간으로서의 기능을 전부 상실한 것은 아님을 기억해야 합니다. 이 점을 분명히 해야 할 필요가 있습니다. 그렇지 않을 경우 타락한 인간을 더 이상 책임 있는 피조물이라 할 수 없기 때문입니다. 타락의 결과가 아무리 비참하더라도 하나님이 본래 부여하신 인간의 기능은 하나도 없어지지 않았습니다. 죄를 지은 탓에 이런 기능이 창조주 하나님을 영화롭게 하는 일에 올바로 사용되지 못하게 된 것뿐입니다. 타락한 인간도 타락하기 전과 마찬가지로 영혼과 육체로 구성되어 있습니다. 영혼과 육체가 모두 죄에 오염되었지만 그 기능은 상실되지 않았습니다. 인간은 영적으로 죽었지만 그 죽음이 곧 존재의 소멸을 의미하지는 않습니다. 인간의 영적 죽음은 "하나님의 생명에서 떠나"(엡 4:18) 있는 상태를 뜻합니다. 그래서 영적으로 죽은 사람은 육신은 살아 있으되, 영적으로는 사탄을 따르게 됩니다.

타락한 인간이 그리스도께 나아갈 수 없는 이유는 육체나 정신의 결함 때문이 아닙니다. 인간은 타락을 했든 안 했든 도박장을 선택하거나 교회를 선택할 수 있습니다. 도색잡지를 훑어볼 수도, 성경을 묵상할 수도 있습니다. 비방하는 말을 늘어놓을 수도, 하나님께 기도할 수도 있습니다. 타락한 인간도 동일한 정신적 기능을 가지고 하나님과 영원한 천국을 생각할 수 있습니다. 인간이 변명할 수 없는 이유가 여기에 있습니다. 인간의 죄가 무거운 이유는 창조주 하나님이 부여하신 기능을 오용하기 때문입니다.

한편 우리는 인간의 영적 무능력을 좀 더 깊은 차원에서 생각해 봐야 합니다. 인간은 아담의 타락과 원죄 때문에 본성이 부패할 대로 부패해져서 무능력한 상태에 이르렀습니다. 따라서 성령 하나님이 새 본성을 허락하지 않으시면 우리는 스스로의 힘으로 그리스도께 나아가거나 그분을 사랑하며 섬길 수 없고 그분의 통치에 복종할 수도 없습니다. 이는 오염된 샘에서 생수가 흘러나올 수 없고, 상한 나무에서 싱싱한 열매가 맺힐 수 없는 이치와 같습니다.

독수리는 부리가 있기 때문에 닭처럼 곡식을 쪼아 먹을 수 있지만 성향이나 입맛이 곡물과 맞지 않기 때문에 육식을 합니다. 또한 돼지는 양처럼 힘차게 뛰고 구를 수 있지만 풀밭에 아무런 매력을 느끼지 못하므로 더러운 진창에만 머물러 있습니다. 거듭나지 못한 사람도 마찬가지입니다. 그는 거듭난 사람과 동일한 육체적, 정신적 기능을 지녔지만 하나님과 그분을 섬기는 일에 아무 흥미를 느끼지 못합니다.

"아담은……자기의 모양 곧 자기의 형상과 같은 아들을 낳아"(창 5:3)라는 말씀을 보십시오. 바로 두 구절 앞에 있는 "하나님이 사람을 창조하실 때에 하나님의 모양대로 지으시되"(1절)라는 구절과 사뭇 대조적입니다. 그 사이에 아담은 타락하여 자손에게 원죄를 물려주었습니다. 성경은 "누가 깨끗한 것을 더러운 것 가운데에서 낼 수 있으리이까"(욥 14:4)라고 말합니다. 시편 저자도 "내가 죄악 중에서 출생하였음이여 어머니가 죄 중에서 나를 잉태하였나이다"(시 51:5)라고 말했습니다. 비록 그는 나중에 은혜를 입어 하나님의 마음에 합한 사람이 되었지만 본래의 본성은 불의와 죄악 덩어리였습니다. "비록 아이라도 자기의 동작으로 자기 품행……나타내느니라"(잠 20:11)는 말씀대로 인간의 부패한 본성은 일찍이 어릴 때부터 나타납니다. 그리고 점차 교만과 자기 고집, 허영, 거짓, 선을 거부하는 태도 등 그릇된 열매로 그 실체를 드러냅니다.

인간의 부패한 세 영역

인간의 부패함을 세 가지 측면에서 살펴보겠습니다.

첫째, 자연 상태의 인간이 그리스도께 나아갈 수 없는 이유는 인간의 생각이 죄로 인하여 완전히 어두워졌기 때문입니다. 생각과 양심이 부패하면 영혼의 가장 중요한 기능이 본래의 영광을 잃고 무질서하게 변해 버립니다. 그래서 사도 바울은 "깨닫는 자도 없고"(롬 3:11)라는 말과 "너희가 전에는 어둠이더니"(엡 5:8)라는 말로 성도들에게 거듭나기 이전의 상태를 상기시켜 주었습니다. 여기에서 사도 바울이 "어둠에 있더니"라고 하지 않고 "어둠(그 자체)이더니"라고 말한 것에 주목하시기 바랍니다.

18세기 영국의 청교도 목사였던 토머스 보스턴은 이렇게 말했습니다.

죄가 영혼의 창을 닫자 모든 곳이 캄캄해졌다. 온통 어둠의 땅이 되었고 죽음의 그림자가 드리워졌다. 그곳은 빛은 없고 어둠뿐이다. 어둠의 제왕이 그곳을 다스린다. 어둠의 일 외에는 아무것도 이루어지지 않는다. 우리는 영적으로 눈먼 상태로 태어난다. 따라서 은혜의 기적이 없이는 다시 살아날 수 없다. 이것이 거듭나지 않은 사람의 현실이다.

성경도 "악을 행하기에는 지각이 있으나 선을 행하기에는 무지하도다"(렘 4:22)라는 말씀으로 생각이 어두워진 인간의 비참한 실상을 언급합니다.

로마서 8장 7절은 "육신의 생각은 하나님과 원수가 되나니 이는 하나님의 법에 굴복하지 아니할 뿐 아니라 할 수도 없음이라"고 말합니다. 거듭나지 않은 사람은 영적인 일을 싫어하며 거부합니다. 구원의 길을 걸으라고 요구하시는 하나님의 말씀에 순종하지 않습니다. 그들은 그리스도만이 구원을 베푸실 수 있다는 진리를 들으면서도 그분께 나아가는 데 방해가 되는 것들을 선뜻 버리지 않습니다. 그들은 영혼을 죽이는 것이 죄라는 말을 들으면서도 죄를 마음 깊숙한 곳에 품습니다. 그들은 하나님의 경고에 관심을 기울이지 않습니다. 지옥의 형벌을 두려워하며 그것을 모면하려 하지만 행동으로는 영원한 불못을 허수아비와 같은 거짓 엄포로 받아들입니다. 하나님이 요구하시는 거룩하고 의롭고 신한 삶을 살기보다 그저 사람들 사이에서 좋은 평판을 유지하는 정도의 적당한 삶을 살아갑니다.

둘째, 자연 상태의 인간이 그리스도께 나아갈 수 없는 이유는 인간의 감정이 온통 부패했기 때문입니다. 스펄전은 요한복음 6장 44절을 본문으로 하여 다음과 같이 설교했습니다.

> 하나님의 은혜를 받기 전에 인간은 영적인 것을 제외한 모든 것을 사랑한다. 이에 대한 증거를 원하거든 주위를 둘러보라. 인간의 감정이 타락했다는 사실을 깨닫는 데 오랜 시간이 걸리지는 않을 것이다. 길이나 집, 마음 어느 곳이든 눈을 돌려 보면 이 끔찍한 사실을 입증하는 슬픈 증거가 곳곳에서 나타날 것이다. 사람들이 안식일에 하나님을 예배하는 곳으로 모여들지 않는 이유가 무엇일까? 늘 성경을 읽어야 하는데도 왜 그렇게 못하는 것일까? 기도의 의무를 등한시하는 사람이 왜 그토록 많은 것일까? 왜 사람들은 그리스도 예수를 사랑하지 않는 것일까? 그분의 제자를 자처하면서도 왜 주님께 그토록 냉랭한 것일까? 도대체 그 원인은 무엇일까? 사랑하는 형제들이여! 그 원인은 하나, 곧 감정이 부패하고 훼손되었기 때문이다. 우리는 미워해야 할 것을 사랑하고, 사랑해야 할 것을 미워한다. 인간이 내세보다 현세를 더 사랑하는 이유는 타락한 본성 때문이다. 인간이 의보다 죄를 더 사랑하고 하나님의 길보다 세상의 길을 더 좋아하는 것은 타락으로 인한 결과이다.

거듭나지 못한 사람의 감정은 전적으로 병들어 부패했습니다. 성경은 "만물보다 거짓되고 심히 부패한 것은 마음이라"(렘 17:9)고 말쏨합니다. 주 예수님도 타락한 인간의 마음에서 온갖 가증한 것이 나온다고 말씀하셨습니다.

> "속에서 곧 사람의 마음에서 나오는 것은 악한 생각 곧 음란과 도둑질과 살인과 간음과 탐욕과 악독과 속임과 음탕과 질투와 비방과 교만과 우매함이니"(막 7:21-22).

토머스 보스턴은 『Fourfold State 인간 본성론』(국내 미출간_편집자 주)이라는 책에서 이렇게 말했습니다.

> 자연인의 감정은 비참하게 왜곡되었다. 그는 영적 괴물이다. 그의 마음은 발이 있어야 할 곳, 즉 땅에 고정되어 있고, 그의 발꿈치는 마음이 있어야 할 하늘을 향해 치솟아 있으며(행 9:5), 그의 얼굴은 지옥을 향해 있고, 그의 등은 천국을 향해 있다. 하나님은 놓이키라고 말씀하시지만 그는 애통해야 할 것을 기뻐하고, 기뻐해야 할 것을 애통해한다. 수치를 영광스럽게 생각하고 영광을 부끄럽게 생각한다. 그는 마땅히 바라야 할 것을 혐오하고 마땅히 혐오해야 할 것을 바란다(겔 2:13-15).

셋째, 자연 상태의 인간이 그리스도께 나아갈 수 없는 이유는 인간의 의지가 전적으로 부패했기 때문입니다. 스펄전은 다음과 같이 말했습니다.

아르미니우스주의자는 "인간이 원한다면 구원받을 수 있다"라고 말한다. 이에 나는 "우리도 모두 그 말을 믿습니다. 하지만 안타깝게도 '인간이 원한다면'이라는 상황 자체가 불가능합니다"라고 대답할 것이다. 하나님이 이끌지 않으시면 아무도 그리스도께 나아올 수 없다. 이는 우리의 주장이 아니라 그리스도께서 직접 하신 말씀이다. 그분은 "그러나 너희가 영생을 얻기 위하여 내게 오기를 원하지 아니하는도다"(요 5:40)라고 말씀하셨다. "오지 않는다"라는 말이 성경에 기록되어 있는 한 우리는 의지의 자유를 믿을 수 없다. 사람들은 자유의지를 말하지만 자신이 무슨 말을 하는지 전혀 이해하지 못한 채 그저 "인간이 원한다면 구원받을 수 있다"라고 말한다. 문제의 핵심은 그리스도의 복음이 제시하는 조건을 자연 상태의 인간이 그대로 충족시킬 수 없다는 데 있다. 성경의 권위에 근거하여 확실하게 말하건대 인간의 의지는 완전히 부패했기 때문에 선한 것은 무엇이든 거부하고 오로지 죄와 악을 행한다. 거룩하신 성령의 초자연적이고 불가항력적인 역사가 없는 한 인간의 의지는 그리스도를 향할 수 없다.

이번에는 토머스 보스턴의 말을 들어 봅시다.

신령하고 거룩한 삶을 거부하는 것이 있다. 바로 어두워진 생각, 왜곡된 의지, 무질서한 감정이다. 이 세 겹줄은 쉽게 끊어지지 않는다. 생각은 교만으로 잔뜩 부풀어 올라 결코 머리를 조아릴 수 없다고 말하며,

부패한 감정은 부패한 의지를 옹호하면서 주님을 대적하고 순종하기를 거부한다. 인간이라는 비참한 피조물은 하나님의 능력 안에서 새로운 피조물로 거듭나기 전까지 항상 하나님과 선을 대적한다.

이런 말이 죄인들을 낙심시켜 절망으로 몰고 가지 않겠느냐고 생각할 사람이 있을 것입니다. 그렇게 생각하는 사람에게 저는 이렇게 말해주고 싶습니다. 첫째, 제 말은 성경 말씀과 정확히 일치합니다. 둘째, 제 말로 인해 그들이 스스로 아무것도 할 수 없다는 절망감을 느끼게 된다면 이는 오히려 주님을 기쁘시게 하는 일일 것입니다. 셋째, 영적으로 무기력하고 부패한 인간이 그리스도께 나와 구원받으려면 거룩한 성령의 역사가 절대적으로 필요합니다. 이 사실을 올바로 인식하지 못하면 하나님의 도움을 간구할 수 없습니다.

그리스도께 나아갈 수 있는 원동력

그리스도께 나아가는 것이 정확히 무슨 의미인지 궁금해하며 크게 고민하는 사람들이 있습니다. 왜냐하면 그 말을 종종 읽고 들어봤지만 설교자들이 대개 성경을 근거로 설명하지 않고 그저 주님께 나오라고만 말할 때가 많기 때문입니다. 그들은 성령의 역사를 통해 일평생 하나님을 대적해 온 죄와 자신의 타락한 상태를 깨닫고 그리스도께 나아와 구원을 받고자 하지만 스스로 그럴 능력이 없다고 느낍니다. "내가 어찌하면 하나님을 발견하고 그의 처소에 나아가랴"(욥 23:3) 하고 부르짖습니다. 하지만 하나님의 양들은 "적은 무리"(눅 12:32)이기 때문에 그러한 경험을 하는 사람은 그리 많지 않습니다. 그리스도께 나아가는 것을 매우 간단한 문제라고 생각하는 신자가 대부분입니다. 하지만 요한복음 6장 44절에 비춰보면 그리스도께 가는 것을 쉽게 여기는 것은 곧 구원 신앙으로써 그분께 나아가지 않았다는 증거임을 알 수 있습니다.

그렇다면 그리스도께 나아간다는 것은 과연 무슨 의미일까요? 일단 몸을 움직여 물리적인 거리를 좁혀 간다는 의미가 아닌 것은 분명합니다. 너무도 명백한 사실이라 굳이 언급할 필요조차 없지만 오늘날은 영적으로 매우 암울한 데다 인간의 생각으로 하나님의 거룩한 일을 마구 왜곡하는 시대이기 때문에 가장 기초적인 진리도 그 의미를 설명할 필요가 있습니다. 사실 많은 사람이 '회심자의 자리'에 나가는 것이나 설교자의 손을 붙잡는 것을 그리스도께 나아가는 것과 동일시하곤 합니다. 따라서 이 명백하고 단순한 표현을 올바로 설명하고 정의해야 할 것 같습니다.

이 말에 사용된 "나아가다"라는 용어는 영혼의 행위를 육체의 행위에 빗댄 비유적 표현입니다. 다시 말해, 그리스도께 나아간다는 것은 성령의 역사를 통해 깨어난 생각이 주 예수님을 향한다는 의미입니다. 선지자이신 주님의 가르침을 듣고, 제사장이신 주님의 속죄 사역과 중보 사역을 의지하며, 왕이신 주님의 통치에 복종하는 것을 말합니다. 그리스도께 나아가는 것은 세상을 등지고 주님을 우리의 유일한 소망이자 기업으로 받아들이는 것을 뜻합니다. 자아를 포기하고 다시는 자신을 의지하지 않는 것, 그동안 의지하던 우상을 모두 버리고 진실한 사랑과 믿음으로 주님께 충실하는 것, 그리스도를 주님으로 알고 복종하며 기꺼이 그분의 멍에를 메고 십자가를 짊어진 채 온전히 그분을 따르는 것이 바로 그분께 나아간다는 말의 의미입니다.

그리스도께 나아간다는 것은 하나님이 허락하신 은혜에 힘입어 온 영혼으로 그분을 사모하게 되는 것을 말합니다. 하나님이 조자인적인 역사를 통해 우리의 생각과 마음과 의지가 움직여 주님을 신뢰하고 사랑하고 섬기기에 이르는 것입니다.

매튜 헨리는 이렇게 말했습니다.

> 예수 그리스도께 나아간다는 것은 무서운 짐에 지칠 대로 지친 죄인들의 가장 큰 관심사이자 의무이다. 우리는 그리스도께 나아가는 것을 방해하기나 그분과 경생하는 것을 모두 버리고 그분을 우리의 치유자요 조력자로 받아들여 그분의 인도와 통치에 온전히 복종하며, 그분의 방법과 조건에 따라 주어지는 구원을 사모해야 한다.

논의를 더 전개하기에 앞서 지금까지 말한 내용을 토대로 각자 기도하면서 주의 깊게 자신을 시험하고 성찰하는 시간을 가지면 좋겠습니다. 아무것도 당연하게 여기지 마십시오. 자신의 영혼을 귀하게 여긴다면 하나님의 도우심을 구하면서 자신이 진정으로 그리스도께 나아왔는지 확인하시기 바랍니다.

로마 가톨릭주의자의 그리스도는 나무로 된 그리스도이고, 거짓 설교자의 그리스도는 말뿐인 그리스도입니다. 그러나 우리 주님이신 그리스도는 "전능하신 하나님", "영존하시는 아버지", "평강의 왕"이십니다(사 9:6). 그리스도께서는 하늘과 땅에 충만하십니다. 만물이 그분으로 말미암아 지은 바 되었습니다. 그분은 전능하신 하나님의 오른편에 앉아 지고한 권위와 권능으로 온 우주를 통치하십니다. 그분은 하늘보다 더 높으시고, 모든 정사와 권세가 그분께 복종합니다. 그분의 임재 앞에서 하늘과 땅이 두려워 떱니다. 그런 그리스도를 죄인인 인간이 어떻게 감히 주거니 받거니 하면서 제시할 수 있겠습니까? 그분은 성부 하나님께서 영생을 주시기로 작정한 사람들에게 베푸시는 선물입니다. 성부 하나님의 선물이신 그리스도께서는 인간이 원하는 때와 장소와 방법이 아니라 성령 하나님의 초자연적인 역사를 통해 구원의 상속자들에게 하나님의 기쁘신 뜻대로 주어집니다.

앞에서 저는 "아무도 내게 올 수 없으니"(요 6:44)라는 말씀을 길게 설명하면서 타락한 인간이 영적으로 무력하며, 거듭나지 못한 사람이 구원 신앙으로 그리스도께 나올 수 없는 이유를 다루었습니다. 이제 그 말씀의 앞부분, 곧 "나를 보내신 아버지께서 이끌지 아니하시면"(44절)을 생각할 차례입니다.

"이끌다"라는 것은 과연 무슨 뜻일까요? 그리스도께 나아가는 것이 육체의 행위가 아니듯 하나님이 이끄시는 것도 외부적인 힘의 작용과 전적으로 무관합니다. 이는 선택된 사람의 내면에서 성령님이 일으키시는 강력한 충동을 가리킵니다. 우리가 자연인의 무능력한 상태를 극복하고 영적 행동을 실천하며 그리스도께 나아갈 수 있는 이유는 우리의 영혼 안에서 은밀하면서도 효과적인 성령의 역사가 일어나기 때문입니다.

Chapter 2

지식으로
그리스도께 나아가기

우리는 그리스도를 알아야 그분께 나아갈 수 있습니다. 그리스도에 관한 참 지식은 성경에 계시되어 있습니다. 성령 하나님은 우리의 심령을 새롭게 하여 말씀을 영적 차원에서 이해하게 하십니다. 그리고 그리스도에 대한 사랑과 신뢰, 순종으로 나아가 궁극적으로 그분의 형상을 닮아가게 하십니다.

그리스도를 아는 지식은 필수입니다. 알지 못하는 대상을 향해 나아갈 수 없기 때문입니다. 명령에 복종하려면 먼저 그 조건을 알아야 하고, 버팀대에 기대려면 그것이 흔들리지 않는지 먼저 눈으로 확인해야 합니다. 또 누군가를 신뢰하거나 사랑하려면 먼저 그 사람이 누구인지부터 알아야 합니다. 이는 너무 명백한 이치라 더 이상의 설명이 필요하지 않습니다. 우리가 지금 다루고자 하는 주제도 마찬가지입니다. 그리스도께 나오려면 먼저 그분을 알아야 합니다. 성경은 이렇게 말합니다.

"듣지도 못한 이를 어찌 믿으리요"(롬 10:14).

"하나님께 나아가는 자는 반드시 그가 계신 것과 또한 그가 자기를 찾는 자들에게 상 주시는 이심을 믿어야 할지니라"(히 11:6).

그리스도를 알지 못하면 그분께 나아갈 수 없습니다. 하나님은 만물을 처음 창조하실 때와 마찬가지로 우리를 그리스도 안에서 새로운 피조물로 빚으시며 "빛이 있으라"고 말씀하십니다.

성경, 그리스도를 알아 가는 첫걸음

그렇다면 그리스도를 아는 지식은 어떻게 생길까요? 성경을 통해 우리의 생각 속에 주어집니다. 하나님은 성경에 자신을 계시하셨습니다. 그러므로 성경 없이는 그분을 정확히 알 수 없습니다. 그리스도에 관한 참 교훈은 오직 성경에서만 찾을 수 있습니다. 예수님은 "이 성경이 곧 내게 대하여 증언하는 것이니라"(요 5:39)고 말씀하셨습니다. 그리고 훗날 엠마오로 가는 두 제자에게 그들의 더디 믿는 믿음을 책망하며 "모세와 모든 선지자의 글로 시작하여 모든 성경에 쓴 바 자기에 관한 것을 자세히 설명"(눅 24:27)하셨습니다. 바울은 하나님의 말씀을 "그리스도의 말씀"이라고 표현했습니다. 그리스도가 말씀의 핵심이기 때문입니다. 성경이 사라지면 그리스도도 알 수 없습니다. 이는 그리스도를 아는 지식이 성령의 영감으로 기록된 증언과 불가분의 관계에 있음을 보여 주는 확실한 증거입니다.

그리스도를 이론적으로만 아는 것은 불충분합니다. 이 점은 좀 더 상세히 설명할 필요가 있습니다. 왜냐하면 이에 관한 오해와 무지가 만연하기 때문입니다. 많은 사람이 그리스도에 대해 머리로 아는 지식과 마음으로 아는 지식을 동일시합니다. 하지만 정통 교리가 곧 구원으로 이어지는 것은 아닙니다. 육신의 생각으로 그리스도를 판단하고, 그분을 단지 이론적으로 이해하는 것만으로는 영적으로 죽어 있는 죄인을 각성시킬 수 없습니다. 반드시 살아 있는 경험, 곧 하나님의 말씀과 사역이 영혼 안에서 공명하여 영혼과 생각이 새로워지는 역사가 일어나야 합니다.

고린도전서 13장 2절이 엄숙하게 경고하는 대로 우리에게 예언의 은사가 있어 모든 비밀을 다 이해하더라도 사랑이 없으면 아무것도 아닙니다. 맹인도 온갖 노력을 기울이면 직접 본 적이 없는 여러 대상과 주제를 이론적으로나 개념적으로 어느 정도 정확하게 이해할 수 있습니다. 그와 마찬가지로 자연 상태의 인간도 교육을 통해 열심히 교리를 배우고 연구하면 살아 있는 경험이나 지식은 아니더라도 그리스도의 인격과 사역에 관한 건전한 이해에 도달할 수 있습니다.

하나님과 그리스도에 관한 진리를 안다 해도 그 지식이 곧 구원으로 직결되는 것은 아닙니다. "지식과 진리의 모본을 가진 자"(롬 2:20)라는 말씀이 암시하듯 단지 모양만 갖춘 지식도 있습니다. 이는 성경의 교훈을 배워 스스로 다른 사람을 가르칠 자격이 있다고 생각하지만 실제로는 성령을 통해 그 마음에 진리가 각인되어 있지 않은 유대인들을 가리킵니다. "지식의 모본"이란 머릿속에 형식적인 지식이 있어 하나님의 일을 자유롭고 유창하게 논할 수 있는 능력을 갖추었지만 영혼 안에 그분의 생명이 있지 않은 상태를 의미합니다. 사도 바울이 "또 어려서부터 성경을 알았나니 성경은 능히 너로 하여금 그리스도 예수 안에 있는 믿음으로 말미암아 구원에 이르는 지혜가 있게 하느니라"(딤후 3:15)는 말씀에서 밝히고 있는 대로 구원의 지식만 있을 뿐 구원에 이르는 지혜가 없는 사람들이 얼마나 많은지 모릅니다. 구원에 이르는 지혜는 오직 성령의 기저지인 역사를 통해서만 주어질 수 있습니다.

영적 경험으로 만나는 그리스도

예레미야 9장 3절을 보면 "그들이……악에서 악으로 진행하며 또 나를 알지 못하느니라"는 말씀이 나옵니다. 이는 누구를 가리키는 말씀일까요? 성문화된 하나님의 계시를 소유하지 못한 이방인들을 가리킬까요? 그렇지 않습니다. 손에는 하나님의 율법이 들려 있고 나라 한복판에는 하나님의 성전이 우뚝 서 있으며 곳곳에 말씀을 전하는 선지자들이 존재했던 이스라엘의 백성을 가리킵니다. 그들은 하나님의 권위와 거룩하심과 권능과 자비를 드러내는 놀라운 사건들을 수없이 목격하며 이론적으로 하나님을 많이 알고 있었지만 영적으로는 그분을 전혀 알지 못했습니다. 하나님의 아들 예수 그리스도께서 인간의 몸으로 오셨을 때도 마찬가지였습니다. 그들은 예수님을 여러 각도에서 관찰하며 놀라운 기적을 목격했고 그분의 뛰어난 가르침을 들었으며 그분이 계시는 곳에 종종 찾아왔습니다. 하지만 빛이 어둠을 비추었음에도 어둠이 깨닫지 못했습니다(요 1:5).

오늘날에도 사정은 크게 다르지 않습니다. 부지런히 신약 성경을 배우고 구약 성경의 예표와 예언을 숙지하고 그리스도에 관한 성경의 증언을 믿고 다른 사람들에게 열심히 그것을 가르치면서도 그리스도를 영적으로 알지 못하는 사람이 참으로 많습니다.

예수님은 "사람이 거듭나지 아니하면 하나님의 나라를 볼 수 없느니라"(요 3:3)고 말씀하셨습니다. 거듭나지 못한 사람은 하나님의 일을 영적으로 분별할 능력이 없다는 뜻입니다. 거듭나지 못한 사람은 자연 상태에서 하나님의 일들을 보고 또 이론적으로 연구하며 경탄하지만 살아 있는 경험을 통해 그것을 받아들일 수는 없습니다.

이 차이가 매우 중요함에도 불구하고 오늘날 거의 알려진 바가 없으므로 한 가지 예를 들어 설명하겠습니다. 음악을 한 번도 들어보지 못한 사람이 있다고 가정합시다. 그는 다른 사람들이 설명해 주는 음악의 아름다움과 매력을 열심히 듣고 음악을 주의 깊게 연구하기로 마음먹습니다. 그리고 음악이라는 예술을 철저히 연구하고 음악의 규칙을 모두 배운 덕분에 음표의 비율과 조화를 통달하기에 이릅니다. 하지만 웅장한 오라토리오를 직접 귀로 듣는 것과 단지 이론으로만 아는 것에는 큰 차이가 있습니다. 하나님의 일을 자연적 차원에서 이해하는 것과 영적 차원에서 이해하는 것은 이 예보다 훨씬 큰 차이를 가지고 있습니다.

사도 바울은 "오직 은밀한 가운데 있는 하나님의 지혜를 말하는 것으로"(고전 2:7)라고 했습니다. 그는 하나님의 지혜가 신비 그 자체일 뿐 아니라 여전히 '은밀하게' 전달된다고 말합니다. 왜 그럴까요? 거듭나지 못한 사람은 하나님의 지혜를 듣고 개념을 명확하게 이해하더라도 그 안에 있는 신비를 알거나 이해하지 못하기 때문입니다. 잠언 9장 10절은 "거룩하신 자를 아는 것이 명철이니라"고 말합니다. "거룩하신 자를 아는" 지식이 없으면 하나님의 일을 진정으로 이해할 수 없습니다. 참 신자는 하나님의 일을 인격적이고 경험적인 차원에서 생생하게 인식하는 반면 거듭나지 못한 사람은 아무리 열심히 연구해도 그런 지식을 얻지 못합니다. 우리는 때로 어떤 사람의 초상화를 보고 그림 대로 그의 모습을 인지했다가 실제로 그를 직접 만나보고 생각했던 것과 전혀 다르다는 사실을 발견하곤 합니다. 성경을 통해 알게 된 그리스도와 '내 속'에 직접 나타나신 그리스도의 차이는 그보다 훨씬 큽니다.

성령의 초자연적인 역사

그리스도를 아는 신령하고 초자연적인 지식은 성령의 역사에서 비롯합니다. 요한일서 5장 20절은 "또 아는 것은 하나님의 아들이 이르러 우리에게 지각을 주사 우리로 참된 자를 알게 하신 것"이라고 말합니다. 어떤 대상이나 주제를 알려면 그것을 인식하는 기능이 있어야 하는데 자연 상태의 인간은 자연적인 차원에서 그리스도를 아는 데 그칠 뿐입니다. 그리스도를 영적 차원에서 알려면 먼저 우리의 심령이 성령으로 새롭게 되어야 합니다. 성령을 통해 우리의 생각 속에서 초자연적인 은혜의 역사가 일어나야만 비로소 영적 차원에서 그리스도의 신령한 인격을 이해할 수 있습니다.

구원에 이르는 지식이란 감정을 뜨겁게 하고 의지를 거룩하게 하며 생각을 움직여 만세 반석이신 주님을 바라보게 하는 지식을 말합니다. 그리스도를 아는 참 지식은 영생을 가져다줍니다. 그리고 이 지식은 그리스도를 믿는 믿음, 그분을 사모하는 사랑, 그분의 뜻에 따르는 복종심을 낳습니다. 이 지식을 얻은 영혼은 진실한 마음으로 "하늘에서는 주 외에 누가 내게 있으리요 땅에서는 주 밖에 내가 사모할 이 없나이다"(시 73:25)라고 기뻐 외칩니다.

"나를 보내신 아버지께서 이끌지 아니하시면 아무도 내게 올 수 없으니"(요 6:44) 라는 말씀을 다시 읽어 보시기 바랍니다. 성부 하나님이 선택한 백성에게 그리스도를 아는 구원의 지식을 허락하시는 은혜는 성령의 사역을 통해 이루어집니다. 성령의 사역은 먼저 생각을 새롭게 하고 깨달음을 주는 것에서 시작됩니다.

다음 성경 말씀에 언급된 순서를 주의 깊게 살펴보시기 바랍니다.

"내가 또 내 영을 너희 속에 두어 너희가 살아나게 하고……나 여호와가 이 일을 말하고 이룬 줄을 너희가 알리라"(겔 37:14).

성령께서 먼저 찾아오시지 않으면 그 누구도 그리스도께 나아갈 수 없습니다. 성령께서 먼저 믿음을 주시지 않으면 그 누구도 그리스도를 믿는 구원 신앙에 이를 수 없습니다. 믿음의 눈이 열려야 그리스도를 바라볼 수 있습니다. 대상을 눈으로 확인한 후에야 그 앞에 다가갈 수 있듯 우리는 그리스도의 탁월함과 아름다움과 완전한 충만을 발견하게 될 때 자연스럽게 그분을 의지하게 됩니다. 오직 주의 이름을 아는 자는 주를 의지하게 되며 그 이름을 아는 지식은 오직 신령하고 기적적인 성령의 역사를 통해서만 얻을 수 있습니다.

성령께서 직접 죄인의 마음에 그리스도의 일을 알려 주셔야 합니다. 오직 하나님의 빛 안에서 우리는 진정으로 빛을 볼 수 있습니다. 먼저 눈이 열려야만 죄를 뉘우치고 사탄의 권세에서 하나님께로 돌아갈 수 있습니다. 이는 아침에 해가 떠올라 빛을 비춰야만 비로소 그 열기가 느껴지는 이치와 같습니다. 성령의 초자연적인 역사를 통해 생각이 밝아진 사람만이 그리스도를 믿는 구원 신앙에 이를 수 있습니다. 거울을 보는 것같이 주님의 영광을 보아야 비로소 그분의 형상으로 변화될 수 있습니다. "깨닫는 자도 없고 하나님을 찾는 자도 없고"(롬 3:11)라는 말씀에서 동일하게 순서를 확인할 수 있듯 깨닫는 것이 먼저이고 찾는 것이 나중입니다. 성령께서 우리의 생각에 빛을 비춰 주셔야만 영적인 일의 참 모습이 우리 영혼에 각인됩니다. 이는 사진에서 감광판이 빛에 노출되어야 그 부위가 형상으로 각인되는 것과 같습니다. 이런 역사는 오직 "성령의 나타나심과 능력"(고전 2:4)으로 이루어집니다.

산 지식과 죽은 지식은 어떻게 다른가

그러면 영적인 산 지식과 이론에 그치는 죽은 지식은 어떻게 구별할 수 있을까요? 그 결과를 보면 알 수 있습니다. 바울은 데살로니가 교회의 성도들에게 "이는 우리 복음이 너희에게 말로만 이른 것이 아니라 또한 능력과 성령과 큰 확신으로 된 것임이라"(살전 1:5)고 말한 뒤에 "너희는 많은 환난 가운데서 성령의 기쁨으로 말씀을 받아"(6절)라는 설명을 덧붙였습니다. 말씀의 효력을 일으키는 것은 인간의 논리나 수사법이나 웅변술이 아니라 성령의 사역입니다. 성령의 사역은 양심을 자극하고 죄의 상처를 벌려 그 썩어가는 참상을 드러냅니다. 성령의 역사는 죄의 상처를 들춰내어 영혼을 뒤흔들고, 자아가 선하다는 생각을 깨뜨리며, 맹렬하게 불타오르는 하나님의 진노를 의식하게 하고, 비참한 죄인인 내가 과연 거룩하신 하나님의 자비를 구할 수 있을지 진지하게 묻게 합니다. 성령의 역사는 죄인에게 믿음을 주어 위대한 의사이신 주님을 바라보게 하고, 세상이 알지 못하는 기쁨을 느끼게 합니다.

자연 상태의 인간도 신령한 사람이 알고 있는 지식을 이론적으로 습득할 수 있지만 아무런 열매를 맺지 못합니다. 자연인이 소유한 빛은 아무 효과가 없습니다. 왜냐하면 마음을 정화하거나 의지를 새롭게 하거나 삶을 바꿀 수 없기 때문입니다. 거룩한 진리를 머리로만 아는 사람은 경건한 삶을 실천하지 못합니다. 성령께서 주시는 빛은 겸손과 자기 부인을 일깨우지만 교육이나 개인의 노력으로 얻은 지식은 교만을 부추길 뿐입니다.

그리스도를 아는 구원의 지식은 그분께 사랑으로 복종하도록 이끕니다. 그리스도의 빛이 바울의 심령을 비추는 순간 그는 즉시 놀라 떨면서 "주여, 제가 무엇을 하기 원하십니까"(행 9:6, 이 말씀은 일부 고대 사본에서만 발견된다_역주)라고 여쭈었습니다. 또한 그는 골로새 교회의 성도들에게 "이 복음이 이미 너희에게 이르매……참으로 하나님의 은혜를 깨달은 날부터 너희 중에서와 같이……열매를 맺어 자라는도다"(골 1:6)라고 말했습니다. 진리를 이론으로만 아는 것은 불의에 해당합니다. 그런 지식을 소유한 사람은 진리를 논하고 비판하는 일에 열심을 내면서 자신보다 덜 지혜롭게 보이는 사람들을 경멸하고 진리와 무관한 삶을 사는 탓에 종종 수치를 당하곤 합니다. 큰 소리로 주님을 찬양할 수는 있지만 그 마음은 탐욕에 치우쳐 일시적이고 감각적인 것을 추구할 뿐입니다. 그러나 그리스도를 아는 구원의 지식은 그분에 대한 사랑을 일깨우고 그분의 아름다움을 묵상하는 가운데 다른 모든 것을 배설물로 여기게 합니다. 그리스도의 영광스러운 빛으로 세상의 영광스러운 것을 모두 무색하게 합니다.

자연 상태의 인간은 하나님의 일에 관하여 알 수 있지만 그 안에서 드러나는 진리의 본질은 결코 알 수 없습니다. 성경을 영으로가 아니라 문자로만 이해할 뿐입니다. 건전하고 정통적인 이론으로 성경을 논할 뿐 실제로 진리를 경험한 적이 없기 때문에 마치 단맛과 신맛을 한 번도 느끼지 못한 사람이 꿀과 식초를 논하는 것과 같습니다.

영적인 일에 대하여 꽤 정확한 지식을 가지고 있으면서도 성경 말씀에 담긴 진리의 실체를 보거나 느낀 적 없는 설교자가 얼마나 많은지 모릅니다. 그런 사람은 "자기가 말하는 것이나 자기가 확증하는 것도 깨닫지 못하는"(딤전 1:7) 설교자들입니다. 평생 별을 연구한 천문학자는 별들의 명칭과 위치와 광도를 정확히 알고 있지만, 그들 역시 그것들을 구체적으로 경험하지 못하기는 일반인과 다를 바 없습니다. 성경을 연구하면서도 성령의 초자연적인 역사를 통해 구원의 지식에 이르지 못한 사람의 경우가 꼭 그와 같습니다. 여러분은 어떻습니까? 마음속에 구원에 이르게 하는 성령의 샛별이 떠올랐습니까?

죄인이 그리스도께 나아오는 것은 육체적이거나 또는 정신적 행위가 아니라 영적이며 초자연적인 행위라는 점에 대해서는 앞에서 충분히 설명했다고 생각합니다. 그리스도께 나아오는 것은 인간의 이성이나 의지의 행위가 아니라 성령의 은밀하고 강력한 사역의 결과이며 이런 말은 모두 신자를 대상으로 합니다. 왜냐하면 거듭나지 못한 사람이 그가 경험하지도 못한 것을 의식할 거라고 기대할 수는 없기 때문입니다. 육신의 생각에 얽매인 사람은 그리스도를 지적으로 아는 지식과 경험으로 아는 지식, 곧 성경에 계시된 그리스도를 아는 것과 우리 안에 나타나신 그리스도를 아는 것의 차이를 아무리 설명해도 이해하지 못합니다. 오히려 우습게 여기며 외면합니다.

그리스도의 형상으로 빚어지는 참 지식

이 글을 읽은 사람들 중에는 제가 신비주의적 경향을 지녔다고 말할 사람이 있을 것입니다. 그리스도 당시의 종교 지도자들이 그분의 신령한 가르침을 거부한 것처럼, 신앙을 진지하고 충실하게 수호한다고 자부하는 오늘날의 정통주의자들도 그리스도의 종들이 겸손한 태도로 전하는 참 메시지를 받아들이지 않을 것이 분명합니다. 그들은 이 글을 비웃을 것입니다. 하지만 그들의 비웃음은 고린도전서 2장 14절의 "육에 속한 사람은 하나님의 성령의 일들을 받지 아니하나니 이는 그것들이 그에게는 어리석게 보임이요"라는 말씀의 엄숙한 진리를 입증할 뿐입니다.

그리스도인들 중에는 불신자들조차 하지 않을 일을 서슴없이 자행하는 비양심적이고 부정직한 사람들이 있습니다. 그들은 성경 영감설과 그리스도의 신성과 은혜로 말미암은 구원을 열심히 외치고 다닙니다. 탐욕이 가득한 마음으로 매사에 속된 삶을 일삼으면서도 현대주의와 진화론을 비판하고, 그리스도의 동정녀 탄생과 거룩한 보혈이 죄인의 유일한 희망이라고 열변을 토합니다. 성경의 정확한 잣대로 평가해보면 그들은 거듭나지 못한 자연인이요 육신에 속한 사람입니다. 그런 사람을 가리켜 "그리스도 안에서 새로운 피조물이 되었다"라고 말한다면 이는 명백한 모순이자 불경죄에 해당합니다. 성경의 근본 진리와는 무관하게 살아가면서도 자신의 거듭나지 못한 심령이 어리석게 생각하는 영적 진리를 기꺼이 지지하고 열심히 전하고 있으니 말입니다.

고린도전서 2장 14절은 육에 속한 사람들에게는 하나님의 성령의 일들이 어리석게 보인다고 말합니다. 그들은 하나님의 일들을 믿는다고 고백하며 그리스도를 열심히 옹호합니다. 하지만 성령 하나님에 대해서는 완전히 무지합니다. 따라서 선택받은 백성의 영혼 안에서 일어나는 성령의 은밀하고 신비로운 사역을 어리석게 생각하면서 이를 신비주의로 치부합니다. 하지만 성령으로 심령이 새롭게 된 사람들은 그와 정반대입니다.

성령의 초자연적인 사역을 통해 믿음을 얻게 된 사람은 새로운 피조물이 됩니다. 그는 성령의 도우심으로 자기 안에서 그리스도의 형상을 이루어 갑니다. 또 그 영혼에 각인된 그리스도의 참 형상을 믿음의 눈으로 바라보게 됩니다. 심령이 새롭게 된 사람은 그리스도를 알아볼 수 있습니다. 눈의 망막에 사물의 형상이 맺히듯 마음속에 그리스도의 형상이 맺힙니다. 물론 어떤 대상을 눈으로 보았을 때, 그 대상이 눈 안에 직접 들어오는 것은 아닙니다. 그 대상은 눈에 비춰진 객관적인 존재입니다. 그러므로 "우리 안에서 그리스도의 형상이 이루어진다" 혹은 "우리 안에 계시는 그리스도는 영광의 소망이시다"(골 1:27 참조)와 같은 말씀을 대할 때 지금 하나님의 오른편에 계신 예수님이 우리 안에 직접 들어와 자리를 차지하고 거하신다는 뜻으로 이해해서는 곤란합니다. 하지만 하나님의 오른편에 계시는 예수님, 곧 믿음의 대상이자 실재이신 주님은 성령의 역사를 통해 위에서부터 우리에게 임하십니다. 따라서 우리의 영혼은 믿음의 눈으로 성경에 나타나신 그분의 모습을 있는 그대로 바라볼 수 있습니다. 그로 인해 우리 안에서 그리스도의 형상이 이루어지고 믿음으로 그분이 우리 마음에 거하시는 역사가 일어납니다.

우리는 지금까지 말한 내용을 이 세상에서 일어나는 현상을 통해 어렴풋이 확인할 수 있습니다. 하나님의 신령한 사역을 물질세계의 현상을 통해 어렴풋이 확인할 수 있다는 사실은 참으로 흥미롭습니다. 우리의 생각이 좀 더 영적으로 바뀌고 우리의 눈이 조금만 더 예리해진다면 하나님의 보이지 않는 현실을 드러내는 상징이나 흔적들을 도처에서 쉽게 발견할 수 있습니다.

어느 화창한 날, 한 사람이 맑은 물을 바라보고 있었습니다. 그는 그곳에 비친 자신의 얼굴을 봅니다. 물 위에 비친 얼굴과 물 밖에 있는 얼굴은 정확히 일치합니다. 두 얼굴이 따로 존재하는 것이 아닙니다. 하나는 본래의 얼굴이고 다른 하나는 반사된 얼굴입니다. 얼굴은 하나인데 물 위에 또 다른 얼굴 하나를 만들어 냅니다. 선택받은 백성의 영혼에도 동일한 현상이 일어납니다. 성경은 이렇게 말씀합니다.

"우리가 다 수건을 벗은 얼굴로 거울을 보는 것 같이 주의 영광을 보매 그와 같은 형상으로 변화하여 영광에서 영광에 이르니 곧 주의 영으로 말미암음이니라"(고후 3:18).

우리 안에 있는 그리스도의 형상이 좀 더 분명하게 드러날 수 있기를 기도합니다.

Chapter 3 감정으로 그리스도께 나아가기

그리스도 안에서 새로운 피조물로 거듭난 사람은 생각뿐 아니라 마음까지 변화됩니다. 영적인 지식에 믿음이 보태지고 이 두 가지가 거룩한 사랑의 교제와 연합으로 이어지는 것입니다. 우리의 생각을 새롭게 하여 그리스도에 대한 사랑의 감정으로 이끌어 주는 분이 바로 성령 하나님입니다.

주 예수님은 "아버지께서 내게 주시는 자는 다 내게로 올 것이요"(요 6:37)라고 말씀하셨습니다. 창세전 자신이 선택한 백성을 그리스도에게 주기로 작정하신 하나님은 중생을 통해 그들에게 그리스도를 사모하는 마음을 허락하십니다. 마음은 생각과 감정을 모두 포함합니다. 앞에서 저는 그리스도를 알지 못하면 그분께 결코 나올 수 없다고 말했습니다. 이와 마찬가지로 그리스도에게서 마음이 떠난 사람 역시 그분께 나오지도 않고 또한 나아올 수도 없습니다. 자연인의 생각이 하나님에 대하여 완전한 암흑에 휩싸여 있듯이 그의 마음은 하나님을 철저히 대적합니다.

"육신의 생각은 하나님과 원수가 되나니"(롬 8:7) 라는 말씀에서 육신의 생각이 하나님과 단순히 반목 상태에 있는 것이 아니라 원수가 된다고 언급하는 점에 주목하십시오. '원수'는 적대적인 생각 이상의 의미, 곧 마음의 증오심을 가리킵니다. 그러므로 성령께서 죄인을 그리스도 안에서 새로운 피조물로 만드실 때는 그의 생각뿐 아니라 그의 마음까지 새롭게 하십니다.

지식에서 믿음으로, 믿음에서 사랑으로

믿음이 영적인 일을 보여 주는 순간 마음은 그에 대한 사랑으로 뜨거워집니다. 히브리서 11장 13절은 하나님의 언약을 믿었던 이스라엘 족장들의 신앙을 언급하면서 "그것들을 멀리서 보고 환영하며"라고 말합니다. 이는 강렬한 감정을 암시합니다. 성령으로 생각이 새롭게 되면 그리스도를 사모하는 감정이 일어나 그분께 마음이 끌리게 됩니다. 그리스도의 놀라운 사랑을 알게 되면서 그분을 향한 사랑이 싹트고 자라게 되는 것입니다. 요한일서 4장 16절은 "하나님이 우리를 사랑하시는 사랑을 우리가 알고 믿었노니 하나님은 사랑이시라 사랑 안에 거하는 자는 하나님 안에 거하고 하나님도 그의 안에 거하시느니라"고 말합니다. 사도 바울은 지식(지적이면서 또한 영적인 지식)에 믿음이 보태지고 이 두 가지가 자연스럽게 거룩한 사랑의 교제와 연합으로 이어진다고 말합니다. 교육이나 전통 또는 성경 연구와 설교 청취를 통해 얻는 그리스도의 빛과 지식은 그런 감정을 일으키지 못합니다. 하지만 "하나님의 사랑이 우리 마음에 부은 바"(롬 5:5) 될 때, 참으로 놀라운 변화가 일어납니다.

오늘날에는 이러한 진리를 거의 강조하지 않습니다. "믿지 않는 사람은 정죄를 받으리라"(막 16:16)는 말씀이 "만일 누구든지 주를 사랑하지 아니하면 저주를 받을지어다"(고전 16:22)라는 말씀에 비해 훨씬 자주 인용되는 이유는 무엇일까요? 우리는 진리의 균형을 적절히 유지해야 합니다. 그러려면 신약 성경에 단순히 '믿는' 차원을 넘어 '사랑한다'는 표현이 자주 사용되었음을 기억해야 합니다. 다음 성경 구절들을 살펴보십시오.

"하나님을 사랑하는 자 곧 그의 뜻대로 부르심을 입은 자들에게는 모든 것이 합력하여 선을 이루느니라"(롬 8:28).

"하나님이 자기를 사랑하는 자들을 위하여 예비하신 모든 것"(고전 2:9).

"또 누구든지 하나님을 사랑하면 그 사람은 하나님도 알아 주시느니라"(고전 8:3).

"이제 후로는 나를 위하여 의의 면류관이 예비되었으므로 주 곧 의로우신 재판장이 그 날에 내게 주실 것이며 내게만 아니라 주의 나타나심을 사모하는 모든 자에게도니라"(딤후 4:8).

"주께서 자기를 사랑하는 자들에게 약속하신 생명의 면류관을 얻을

Chapter 3 감정으로 그리스도께 나아가기

것이기 때문이라"(약 1:12).

"사랑하지 아니하는 자는 하나님을 알지 못하나니 이는 하나님은 사랑이심이라"(요일 4:8).

생각과 마음을 이어 주는 성령의 역사

"나를 보내신 아버지께서 이끌지 아니하시면 아무도 내게 올 수 없으니"(요 6:44)라는 말씀에 주목해 봅시다. 앞에서 저는 "이끌다"라는 말이 성령의 초자연적인 사역을 통해 생각이 새롭게 되는 경험을 포함한다고 말했습니다. 아울러 이 말에는 성령께서 감정을 움직여 그리스도를 사랑하는 경험으로 인도하신다는 의미도 포함됩니다. 성령께서는 고집 센 동물을 다루듯 강제적인 힘을 동원하지 않고 죄인의 자연스러운 본성을 자극하십니다. 즉, 영적인 힘이나 영향력으로 영혼의 기능을 움직이십니다.

"내가 사람의 줄 곧 사랑의 줄로 그들을 이끌었고"(호 11:4)라는 말씀에서 알 수 있듯, 성령께서는 이성의 올바른 확신과 판단을 통해 그리스도의 축복과 선하심이 육신의 정욕을 만족하게 하는 그 어떤 즐거움이나 행복보다 무한히 뛰어나다는 사실을 깨우쳐 주심으로써 죄인을 이끄십니다. 그분은 마음을 움직여 그리스도를 사모하게 하시고, 그분의 탁월한 아름다움과 모든 필요를 채우시는 충만함을 알게 하십니다. 믿는 자는 그리스도를 "보배"(벧전 2:7)로 바라보게 됩니다. 그리고 그 보배로운 그리스도를 얻기 위해 기꺼이 세상의 것들을 포기합니다.

앞에서 잠시 언급한 대로 자연인의 감정은 하나님에게서 유리되어 일시적이고 감각적인 것을 사모하는 탓에 그리스도께 나아올 수 없습니다. 하나님의 종들이 아무리 아름다운 복음을 전해도, 그것은 쇠귀에 경 읽기와 다름없습니다. 예수님이 큰 잔치의 비유에서 말씀하신 대로 그들은 다 일치하게 사양하면서(눅 14:18) 땅을 샀다, 장사를 해야 한다, 사교 생활을 해야 한다는 등 온갖 변명을 둘러댑니다. 성령의 강력한 능력과 사역이 마음속에 일어나지 않으면 인신은 사탄이 걸어 놓은 죄의 마법을 깨뜨려 썩어가는 것들을 버리고 영원히 썩지 않는 것을 사모할 수 없습니다. 성령께서는 선택받은 백성 안에 불가항력적이고 은밀한 역사를 일으켜 그리스도의 영원한 매력과 그 은혜의 풍성함을 알게 하십니다. 또한 그들의 마음에 그리스도의 사랑을 부어 주시며, 그분의 진절한 초청과 보배로운 약속을 붙들게 하십니다.

"내 사랑하는 자가 문틈으로 손을 들이밀매 내 마음이 움직여서"(아 5:4)라는 말씀은 이러한 사실을 참으로 아름답게 묘사합니다. 존 길의 아가서 주석을 참고하여 이 구절을 설명하자면 자연 상태에 있는 인간은 마음 문(행 16:14), 즉 '믿음의 문'을 굳게 닫아 그리스도를 맞아들이지 않습니다. 하지만 그런 문전박대에도 불구하고 그리스도의 사랑은 식을 줄 모릅니다. 그분은 초청받지 않았음에도 문틈으로 슬며시 손을 내미십니다. 문틈으로 내밀어진 그분의 손은 선택받은 백성의 마음에서 모든 장애 요소를 제거하고 그 마음을 사로잡기 위해 베푸시는 은혜를 상징합니다. 성령을 통해 그리스도께서 부드럽게 손을 내미시면 죄인의 마음은 '움직입니다.' 이는 그리스도를 향한 애정이 싹트기 시작했다는 뜻입니다.

마음이 세상을 등지고 하나님께로 향하고, 자아를 버리고 그리스도를 붙잡고, 죄를 버리고 거룩한 것을 사랑하게 만드는 은혜의 기적은 참으로 놀랍기 그지없습니다. 이는 에스겔 36장 26절에 기록된 "또 새 영을 너희 속에 두고 새 마음을 너희에게 주되 너희 육신에서 굳은 마음을 제거하고 부드러운 마음을 줄 것이며"라는 하나님의 언약이 성취된 것입니다. 돈을 사랑하는 사람이 기꺼이 돈을 포기하는 이유는 돈보다 더 귀하고 가치 있는 것을 발견했기 때문입니다. 자연 상태의 인간은 영적인 것보다 물질적인 것을 더 중요하게 생각하지만 거듭난 사람은 그리스도를 그 무엇보다 사랑합니다. 죄인의 마음을 그리스도께 붙잡아 매는 것은 바로 영적 사랑입니다.

진리의 사랑 vs. 진리에 대한 사랑

구원을 얻는 데는 진리의 지식뿐 아니라 진리의 사랑이 반드시 필요합니다. "이는 그들이 진리의 사랑을 받지 아니하여 구원함을 받지 못함이라"(살후 2:10)는 말씀이 이 사실을 뒷받침합니다. 이 말씀을 주의 깊게 살펴보십시오. 특히 "진리에 대한 사랑"이 아니라 "진리의 사랑"이라고 표현한 점에 유념하십시오. 진리의 사랑이 없어도 진리에 대한 사랑은 얼마든지 가능합니다.

저는 여호와의 증인도 만나 봤고, 그리스도 형제단(Christadelphian, 삼위일체에 대한 정통 교리와 그리스도의 신성, 지옥의 현실을 부인하는 종파)과 함께 며칠을 지내본 적도 있습니다. 하루 종일 고된 일을 한 뒤에도 저녁에 열심히 성경을 공부하는 그들의 모습은 많은 그리스도인을 부끄럽게 만들었습니다. 경건한 로마 가톨릭주의자가 묵주를 귀하게 여기듯 그들은 성경을 보배로 여겼으며 단순히 호기심을 충족하려는 목적에서가 아니라 그칠 줄 모르는 진지한 열정으로 성경을 연구했습니다. 이는 심령이 새롭게 되지 않은 자연 상태에서도 그리스도를 열렬히 사랑할 수 있다는 사실을 보여 줍니다. 경건한 가톨릭 신자의 가정에서 자란 사람이 동정녀 마리아를 깊이 존경하며 사랑하듯 개신교 부모 밑에서 어렸을 때부터 "예수님은 너를 사랑하신다"라는 말을 들으며 신앙 훈련을 받은 사람도 자연스레 그분을 사랑할 수 있습니다.

성경의 교리를 모두 믿으면서도 그 능력을 실제로 경험하지 못한 역사적 신앙이 있을 수 있듯 심령이 새롭게 되지 않은 상태에서도 하나님의 진리를 사랑하는 열렬한 감정이 있을 수 있습니다. 바리새인의 경우가 대표적입니다. 마태복음 13장 20절에서 알 수 있듯, 바위 위에 뿌려진 씨앗처럼 뿌리는 없어도 말씀을 받고 기쁜 감정을 느낄 수 있습니다. 또한 누가복음 23장 27-28절에서 알 수 있듯, 처형장으로 가시는 예수님의 뒤를 따르며 눈물을 흘렸던 여인들처럼 고난받으시는 구세주의 모습을 보고 굵은 눈물을 흘릴 수도 있습니다. 그러나 정작 하나님을 향한 마음은 바다에 던져지는 연자 맷돌처럼 무거울 수 있습니다. 마가복음 6장 20절에 나오는 헤롯처럼 하나님의 진리를 기뻐하면서도 지옥의 형벌을 피하지 못하는 경우가 있을 수 있다는 것입니다.

이처럼 "진리에 대한 사랑"과 "진리의 사랑"은 분명히 구별됩니다. 자연 상태에서 그리스도를 사랑하는 것과 변화된 심령으로 그리스도를 사랑하는 것은 전혀 별개입니다. 그러면 우리의 사랑은 과연 어느 쪽에 속할까요? 이 두 가지 사랑을 구별하는 방법은 다음과 같습니다.

첫째, 진리에 대한 사랑은 부분적이지만 진리의 사랑은 온전합니다. 즉, 진리에 대한 사랑은 성경의 교리를 사랑하지만 그 의무는 외면하고, 성경의 약속은 좋아하지만 그 계명은 싫어합니다. 또한 그리스도의 축복은 원하지만 그분의 명령은 원하지 않고, 그분을 대제사장으로 받아들이지만 왕으로는 인정하지 않습니다.

둘째, 진리에 대한 사랑은 일시적인 반면 진리의 사랑은 늘 한결같습니다. 전자는 개인의 이익에 문제가 생기면 곧 식어 버리지만 후자는 그렇지 않습니다.

셋째, 진리에 대한 사랑은 미약해서 쉽게 사라지지만 진리의 사랑은 강력하게 오랫동안 지속됩니다. 전자는 다른 즐거움이 생기면 쉽게 사라지고 다른 감정을 적절히 다스리지 못하지만, 후자는 마음을 다스릴 뿐 아니라 죽음만큼 강합니다.

넷째, 진리에 대한 사랑은 더 나은 삶을 가져다주지 못하지만 진리의 사랑은 변화되고 거듭난 삶을 가져옵니다.

그리스도께 나온다는 것은 오직 그분만을 바라는 감정의 측면을 지닙니다. 즉, 진정한 마음으로 그리스도께 나올 수 있는 것은 생각에 의해 심성이 영향을 받았기 때문입니다. 이를 뒷받침하는 성경 말씀이 마태복음 26장 75절입니다.

"이에 베드로가 예수의 말씀에 닭 울기 전에 네가 세 번 나를 부인하리라 하심이 생각나서 밖에 나가서 심히 통곡하니라."

베드로가 "생각나서……심히 통곡하게" 된 것은 단지 사실을 기억했기 때문이 아니라 은혜로 말미암아 생각에 의해 마음이 녹았기 때문입니다. 성령께서 역사하여 우리를 새롭게 하실 때도 마찬가지입니다. 지난날의 죄를 기억하면서도 겸손히 자신을 낮추시 않고 아무 감정을 느끼지 않은 채 그리스도의 죽음을 기계적으로 사색할 수 있습니다. 오직 성령께서 생각을 새롭게 하셔야만 비로소 마음이 강하게 움직일 수 있습니다.

Chapter 4 의지로 그리스도께 나아가기

구원 신앙은 그리스도를 알고 사랑할 뿐 아니라 그분의 계명에 전적으로 순종합니다. 성령 하나님께 붙들린 생각과 감정을 의지적 행위로 나타내는 것입니다. 그 결과 그리스도를 위해 모든 것을 버리고 십자가를 짊어진 채 그분을 따르는 삶이 가능해집니다.

인간의 영혼 안에는 세 가지 기능, 즉 생각과 감정과 의지가 있습니다. 앞에서 밝힌 대로 이 세 가지 기능은 모두 타락의 영향을 받았습니다. 모두 오염되어 더러워진 탓에 하나님과 그리스도가 아니라 죄와 자아를 섬기는 쪽으로 치우쳤습니다. 하지만 이들 세 기능은 거듭남을 통해 다시 살아나 깨끗하게 됩니다. 물론 완전한 회복은 아닙니다. 새롭게 생명을 얻은 뒤 일평생 성화의 과정을 거치다가 영화의 단계에 이르러서야 비로소 온전해집니다. 영혼의 세 기능은 하나님의 창조 섭리대로 서로 예속되어 있습니다. 다시 말해, 하나의 기능이 다른 기능의 영향을 받는 것입니다.

창세기 3장 6절은 "여자가 그 나무를 본즉 먹음직도 하고(생각이 작용했습니다) 보암직도 하고(감정이 작용했습니다) 지혜롭게 할 만큼 탐스럽기도 한(의지가 작용했습니다) 나무인지라 여자가 그 열매를 따먹고(생각과 감정과 의지가 서로 작용하여 결국 행위로 이어졌습니다)"라고 말합니다.

하나님의 은혜 사역도 먼저 생각을 변화시켜 믿음을 갖게 하고, 그로부터 감정이 뜨거워져 의지에까지 영향을 미칩니다. 그리스도께 나아가는 데는 영혼의 세 가지 기능이 모두 포함됩니다. "그러나 너희가 영생을 얻기 위하여 내게 오기를 원하지 아니하는도다"(요 5:40)라는 말씀에서 알 수 있듯 그리스도께 나아가는 것은 무엇보다 의지의 행위를 요구합니다. 하지만 생각이 새롭게 되고 감정이 살아나기 전까지 의지는 움직이지 않습니다. 따라서 성령께서는 우선 생각으로 그리스도의 필요성을 의식하게 하십니다. 즉, 하나님과의 반목이 얼마나 두려운 것인지를 깨닫게 하시고 오직 그리스도의 속죄 사역을 의지해야만 그 상태에서 벗어날 수 있다는 사실을 알게 하십니다. 그런 다음 성령께서는 죄를 혐오하고 그리스도와 거룩한 삶을 사모할 수 있는 감정을 우리 마음에 불어넣으십니다. 그리고 마지막으로 그분은 심령이 새롭게 된 영혼으로 하여금 그리스도의 영광과 탁월함을 보게 하시고, 오직 그분만이 죽어 가는 죄인을 온전히 구원하실 수 있다는 사실을 일깨우심으로써, 죄인의 의지를 움직여 그 무엇보다 그리스도를 가장 귀하게 여기며 추구하도록 하십니다.

구원, 성삼위 하나님의 합작품

구원 사역의 완성을 위해 일정한 과정이 필요하듯 구원 사역이 적용되는 데도 성삼위 하나님의 역할과 순서가 있습니다. 우선 성부 하나님은 영원 전부터 선택한 백성을 구원하기로 작정하셨고 그 과정을 총괄적으로 계획하셨습니다. 성자 하나님은 복종과 고난을 통해 완전한 구원의 근거를 마련하셨습니다. 그리스도의 속죄 사역은 완전하고 확실하기 때문에 무엇을 더할 필요가 없습니다. 하지만 성령 하나님께서 그리스도의 속죄 사역을 죄인에게 적용하시지 않으면 아무도 구원받을 수 없습니다. 성령의 사역은 성부와 성자 하나님의 구원 사역이 즉각적으로 효력을 발휘하게 만듭니다. 이처럼 죄인도 먼저 생각이 깨어나고, 감정에 불이 붙고, 의지가 움직여 하나님께 복종하고 그리스도를 붙잡아야만 구원을 얻을 수 있습니다.

성령 사역의 순서는 그리스도의 세 가지 직임(선지자, 제사장, 왕)과 정확히 일치하는데, 다음과 같습니다.

성령 사역의 순서 첫 번째는 생각으로 구원자이신 그리스도를 이해하고 그분이 가르치신 하나님의 진리를 받아들이는 것입니다. 두 번째는 감정으로 그리스도를 믿고 사랑하는 것, 곧 그분의 은혜로운 사역을 통해 드러난 그분의 영광스러운 인격을 사모하는 것입니다. 세 번째는 왕이신 그리스도의 주권을 인정하고 그분의 계명을 기억하며 순종하는 데 의지를 모으는 것입니다.

우리는 생각과 감정과 의지를 동원하여 마음의 보좌에 주 예수님을 모셔야 합니다. 성령께서는 하나님을 아는 지식을 대적하는 것을 다 무너뜨리시고 육신의 생각을 사로잡아 그리스도께 복종하게 하시어 우리로 하여금 기쁘게 그분의 멍에를 짊어지게 하십니다.

다시 "나를 보내신 아버지께서 이끌지 아니하시면 아무도 내게 올 수 없으니"(요 6:44)라는 말씀으로 돌아가 봅시다. 성령께서는 첫째로 생각을 새롭게 하시고, 둘째로 감정을 일깨우시며, 셋째로 의지를 죄의 속박에서 해방시켜 하나님을 향하게 하심으로써 죄인을 '이끄십니다.' 성령께서는 불가항력적인 은혜의 사역을 통해 죄와 허영만을 추구하던 의지가 그리스도를 향하게 만드십니다. 시편 저자는 "주의 권능의 날에 주의 백성이⋯⋯즐거이 헌신하니"(시 110:3)라고 말했습니다. 물론 성령께서 인간을 이끄신다고 해서 그들의 자유의지까지 강제로 빼앗으시는 것은 아닙니다. 그분은 인격적이고도 은혜로운 힘으로 인간의 강퍅한 성향과 편견을 깨뜨리시고 그리스도에게 인도하십니다.

찰스 스펄전은 "아버지께서 내게 주시는 자는 다 내게로 올 것이요 내게 오는 자는 내가 결코 내쫓지 아니하리라"(요 6:37)는 말씀을 가지고 이렇게 설교했습니다.

> 하나님은 인간을 짐승처럼 대하지 않으신다. 그분은 고삐로 인간을 끌어당기지 않으신다. 그분은 인간을 인간으로 대우하신다. 하나님이 줄로 인간을 이끄신다면 그것은 곧 사랑의 줄을 의미한다. 우리는 상대방

의 자유의지를 그대로 지켜주면서 그 의지에 영향력을 행사할 수 있다. 왜냐하면 그 영향력이 이성의 법칙에 따라 적용될 것이기 때문이다. 내가 어떤 사람에게 유익한 조언을 일러 주면 그는 분명히 내 말을 따르겠지만 그러는 중에도 온전히 자유롭게 행동할 수 있다. 물리적인 힘으로 인간의 의지를 억제하거나 속박하는 것, 즉 인간의 마음에 강제력을 행사하여 억지로 무언가를 하게 만드는 것은 인간의 자유는 물론 인간의 본성에도 어긋난다. 그런데도 어떤 사람들은 하나님의 불가항력적인 은혜를 그렇게 오해하는 경우가 있다. 본문에서 예수님이 말씀하시려는 바는 다음과 같다. 성삼위 하나님께서는 거부할 수 없는 논증으로 죄인의 생각을 일깨우시고, 거부할 수 없는 힘으로 감정에 호소하시며, 성령의 은밀한 사역을 통해 영혼의 기능과 열정을 움직이신다. 이렇게 될 때 반항을 일삼던 영혼은 복종의 태도를 취하고, 지극히 높은 하나님께 완강히 대적했던 의지를 내려놓은 채 "하나님의 주권적인 사랑에 압도되었습니다. 항복합니다. 항복합니다. 제 심령을 깨우신 주님께 복종합니다"라고 부르짖게 된다.

우리는 거듭난 사람의 영적 행동의 자유와 그를 이끄신 하나님의 은혜가 서로 완벽하게 조화를 이룬다는 사실을 다음의 성경 구절에서 확인할 수 있습니다.

"너희를 위하여 같은 간절함을 디도의 마음에도 주시는 하나님께 감사하노니 그가 권함을 받고 더욱 간절함으로 자원하여 너희에게 나아갔고"(고후 8:16-17).

디도는 바울의 권고에 마음이 움직여 사역에 임했습니다. 그는 '자원하여' 나아갔습니다. 디도의 마음에 바울과 동일한 간절함을 허락하신 분은 바로 하나님이었습니다. 하나님은 인간의 자유의지를 침해하지 않고도 내면의 감정과 외적 행동을 다스리십니다. 디도의 열정은 마음 깊은 곳에서 자발적으로 흘러나온 것이었습니다. 디도의 열정은 그의 내적 성품을 보여 주는 거울이었지만 궁극적으로 하나님께서 그의 의지를 움직여 선한 사역을 행하게 하신 결과였습니다.

그리스도께서 복음을 통해 제시하신 엄격한 자기 부정의 조건을 의지로 동의해야 비로소 그 앞에 나아가 그분을 마음으로 영접할 수 있습니다. 마음이 그리스도를 가장 아름다우신 분으로 알고 귀히 여기기 전에는 그리스도를 위해 모든 것을 버리고 십자가를 짊어지고 그분을 따르는 삶은 불가능합니다. 생각이 초자연적으로 변하고, 감정이 초자연적으로 살아나야만 그런 결과가 나타날 수 있습니다. 자신에게 가장 적합한 배우자를 만났다는 생각이 들지 않는데도 그 사람과 결혼할 사람은 아무도 없습니다. 마찬가지로 성령께서 우리의 공허함과 그리스도의 충만함, 우리의 죄와 그분의 의, 우리의 더러움과 그분의 속죄 보혈, 우리의 타락과 그분의 거룩함을 깨닫게 하셔야만 비로소 마음이 감화되고 의지가 발동될 수 있습니다.

하나님의 거룩하고 신령한 진리는 거듭나지 못한 사람에게 조금도 매력적인 것으로 느껴지지 않습니다. 거듭나지 못한 사람은 오히려 모든 진리를 대적합니다. 그리스도의 요구는 자연인의 교만한 눈으로 보기에 너무 하찮고, 자연인의 굳은 양심이 받아들이기에 너무 엄격하며, 자연인의 속된 욕망으로 감당하기에는 너무 가혹합니다. 우리 안에서 은혜의 기적이 일어나야만 우리의 두렵고 끔찍하고 타락한 본성이 변화될 수 있습니다. 은혜의 기적은 우리 안에 거하는 죄의 세력을 극복하고, 그리스도를 사모하고 갈망하는 마음을 심어 주며 의지를 움직여 이렇게 부르짖게 합니다. "항복하나이다. 항복하나이다. 더 이상 버틸 수 없나이다. 간절한 사랑에 압도되어 이렇게 주저앉아 정복자이신 주님을 붙드나이다."

이것을 아름답게 보여 주는 사례를 룻기 1장 14-18절에서 찾아볼 수 있습니다. 오랫동안 이방 땅에서 생활했던 나오미는 마침내 그곳을 떠나 고향으로 돌아갈 계획을 세웠습니다. 그녀의 두 며느리도 함께 따라가겠다고 말했습니다. 나오미는 그들에게 자신을 따라나설 때 그들이 치러야 할 비용을 계산하라고 말했습니다. 다시 말해, 일순간의 충동에 이끌리지 말고 앞으로 있을 어려움과 시련을 고려하라고 조언한 것입니다. 오르바는 곰곰이 생각해 본 뒤 도무지 감당할 자신이 없노라고 대답했습니다. 그녀의 선한 의도는 잠시 있다 사라지는 아침 이슬과 같았습니다. 다른 많은 사람들처럼 바위 위에 떨어진 씨앗과 같은 사람이었습니다. 하지만 룻은 달랐습니다. 그녀는 "내게 어머니를 떠나며 어머니를 따르지 말고 돌아가라 강권하지 마옵소서 어머니께서 가시는 곳에 나도 가고 어머니께서 머무시는 곳에서 나도 머물겠나이다"(룻 1:16)라고 말했습니다.

참으로 깊은 사랑의 감정이 느껴지는 대목입니다. 이것이 바로 진정한 자기부정입니다. 룻은 자원해서 자신의 고향과 일가친척을 떠나기로 마음먹었습니다. 모압의 신들과 그 백성에게 돌아가라는 시어머니의 말을 듣지 않고, 살아 계신 하나님을 예배하기 위해 우상숭배와 육신이 원하는 것을 모두 버렸습니다. 나중에 그녀가 행한 행동을 보면 그 믿음과 고백이 진정이었다는 것을 알 수 있습니다. 그녀의 영혼 안에 하나님의 기적적인 사역이 일어났다고밖에 달리 설명할 길이 없습니다. "자기의 기쁘신 뜻을 위하여 너희에게 소원을 두고 행하게 하시나니"(빌 2:13)라는 말씀대로 하나님은 그녀의 내면에서 사역을 이루셨습니다. 사랑의 줄로 룻을 이끄신 것입니다. 은혜가 육신을 이기고 승리했습니다.

시편 119편 34절은 하나님의 역사로 생각이 깨어나고 감정이 살아나는 것과 그에 따르는 의지의 동의가 서로 어떤 관계를 맺고 있는지 이렇게 설명합니다.

"나로 하여금 깨닫게 하여 주소서 내가 주의 법을 준행하며 전심으로 지키리이다."

다시 찰스 스펄전의 말을 들어 봅시다.

거듭남의 확실한 증거, 곧 생각이 새롭게 되었다는 증거는 하나님의 계명을 존중하고 마음으로 그것을 공손히 받드는 것이다. 성령 하나님은 우리로 하여금 주님을 알게 하시고 그분의 사랑과 지혜, 거룩, 위엄을 이해하게 하신다. 생각은 감정에 영향을 미친다. 주님을 알게 되면서 그분이 주신 계명의 아름다움을 느끼고 그것을 진심으로 사랑하게 될 뿐 아니라 그분의 절대적인 뜻을 온 마음으로 좇게 된다. "나의 주님, 전심으로 주님을 섬기고 주님의 뜻을 행하겠나이다"라는 고백이 이루어지려면 먼저 성령의 내적 조명이 값없는 은혜로 주어져야 한다.

이제 마지막으로 "보배로운 산 돌이신 예수께 나아가 너희도 산 돌같이 신령한 집으로 세워지고"(벧전 2:4-5)라는 말씀에 근거해 이야기하겠습니다. 하나님의 주권적인 은혜를 통해 그리스도께 나왔습니까? 그렇다면 그분 안에 거하십시오(요 15:4). 믿음으로 그리스도를 위해 살며, 성령을 근심하게 하거나 소멸하지 말고 그분을 우리 안에 모시는 것(엡 4:30; 살전 5:19)을 우리의 가장 큰 의무이자 관심사로 삼아야 합니다. 그리스도를 믿는 것만으로는 충분하지 않습니다. 날마다 믿음으로 그분을 의지하며 그분을 위해 살아야 합니다(갈 2:20). 그리스도께 계속 나아갈 때 우리는 신령한 집으로 세워집니다. 은혜의 생명은 장차 영광의 생명이 이루어지기까지 이렇게 유지될 것입니다. 믿음은 항상 그리스도의 "충만한 데서 받으니 은혜 위에 은혜"(요 1:16)입니다. 우리는 마음속에 그리스도를 모시고 우리 자신을 날마다 새롭게 드려야 합니다.

사탄의 속임수

그리스도께 나아가지 않는 사람들은 장차 "저주를 받은 자들아 나를 떠나 마귀와 그 사자들을 위하여 예비된 영원한 불에 들어가라"(마 25:41)는 말씀을 듣게 될 것입니다. 이 두려운 말씀을 생각하면 낭연히 온몸의 피가 얼어붙는 듯 양심이 찔리고 마음이 떨릴 것입니다. 하지만 안타깝게도 사탄은 사람들에게 "너희는 이미 그리스도께 나왔다. 그 사실을 조금이라도 의심하는 것은 어리석은 일이다"라고 속삭이며 이 말씀의 예리한 힘을 무디게 만듭니다.

사랑하는 여러분, 이는 소중한 영혼의 운명이 달린 문제입니다. 축복받은 사람들과 하늘나라에서 영원히 사느냐, 저주받은 사람들과 지옥에서 영원히 사느냐의 문제는 그리스도께 진정으로 나오느냐 나오지 않느냐에 달려 있습니다.

그런데 그리스도에 관한 교리를 의지하는 사람들이 얼마나 많은지 모릅니다. 그들은 그리스도의 신성과 거룩한 인성, 완전한 삶, 대속의 죽음과 부활, 하나님 오른편으로의 승천, 재림 등을 믿습니다. 그러나 그리스도를 믿는 구원 신앙은 단지 그분에 관한 성경의 진리를 긍정하는 것 이상의 차원을 지닙니다. 야고보는 "귀신들도 믿고 떠느니라"(약 2:19)고 말했습니다. 구원을 받으려면 모든 것을 버리고, 영혼을 온전히 그분께 드리며, 철저히 그분께 복종해야 합니다.

이뿐만 아니라 의심하지 않는 것을 그리스도를 믿는 구원 신앙으로 착각하는 사람들도 많습니다. 그들은 확신이 곧 분명한 구원의 증거라고 생각합니다. 하지만 일 년에 한 번 들여다볼까 말까 하는 금고 안의 돈이나 변호사가 보관하고 있는 토지문서처럼 그리스도를 소유할 수는 없습니다. 그리스도는 우리가 매일 먹고 씹고 소화함으로써 자양분을 얻어야 할 영혼의 양식입니다(요 6:35). 형식적인 신자는 그리스도가 아니라 그분에 대한 좋은 평판을 의지합니다.

흥분된 감정을, 감정을 일깨우는 성령의 역사로 착각하는 사람들도 많습니다. 누군가 설교를 듣고 눈물을 흘리면 섣부른 관찰자는 그것을 보고 크게 고무됩니다. 그들은 죄를 뉘우치며 통회의 눈물을 흘리는 것이 하나님의 구원 사역이 이뤄졌다는 증거라고 말합니다. 하지만 초자연적인 은혜의 사역은 그보다 훨씬 깊은 차원을 지닙니다. 눈물은 단지 겉으로 보이는 현상에 불과합니다. 눈물을 잘 흘리는 성격을 타고난 사람이 있습니다. 그런 사람은 분명한 회심 없이도 자연스럽게 슬픔의 감정을 느낄 수 있습니다. 하나님이 요구하시는 것은 마음의 통회입니다. 오직 경건한 슬픔만이 영혼을 지배하는 죄의 세력을 깨뜨릴 수 있습니다. 죄의 세력이 깨어지는 것이야말로 거듭남의 참 증거입니다.

장차 다가올 진노에 대한 두려움을 죄를 미워하는 마음으로 착각하는 사람들도 많습니다. 지옥에 가기 원하는 사람은 아무도 없습니다. 지옥의 현실을 지적으로 인식하고 형언할 수 없는 그 끔찍한 고통을 조금이라도 믿는다면, 모두 불안과 공포와 마음의 큰 고뇌를 느낄 것입니다. 그런 두려움은 상당히 오랫동안 지속되지만 궁극적으로는 아무런 결과도 가져오지 못합니다. 이런 사람들은 그리스도를 사랑하는 마음으로 그분을 영화롭게 하는 삶을 살아가려고 노력하지 않습니다.

거짓 평안을 참 평안으로 착각하는 사람들도 많습니다. 지옥의 불못을 두려워하며 심한 양심의 가책을 느끼는 사람들은 물에 빠진 사람이 지푸라기라도 잡는 심정으로 구원을 갈망하기 마련입니다. 오늘날의 거짓 선지자들이 요한복음 3장 16절만 믿으면 구원을 얻을 수 있다고 말할 때, 그들은 심령을 조금도 새롭게 하지 않은 채 그 달콤한 말만을 선뜻 받아들입니다. 하나님이 자신을 사랑하고 그리스도께서 자신을 위해 죽으셨기 때문에 죄의 짐이 모두 사라졌다고 확신하며 마음의 평안을 회복하는 것입니다. 하지만 이런 평화는 십중팔구 양심을 마비시켜 지옥으로 끌고 가려는 사탄의 아편에 불과합니다. 하나님은 "악인에게는 평강이 없다"(사 48:22)고 말씀하셨습니다. 마음이 청결하지 않으면 아무도 하나님을 볼 수 없습니다.

자기 확신을 영적 확신으로 착각하는 사람들도 많습니다. 스스로를 좋게 생각하고 또 자기가 잘되기 바라는 것은 인간의 자연스러운 성향입니다. 우리는 하만처럼 "왕이 존귀하게 하기를 원하는 사람"
(에 6:6)이라고 생각하기를 좋아합니다. 물론 혹자는 "나는 그렇지 않
습니다. 나 자신을 높게 생각하지 않고 오히려 무가치한 죄인으로 생
각합니다"라고 말할 것입니다. 하지만 인간은 스스로를 기만하는 존
재입니다. 사탄은 이처럼 자기를 낮추어 생각하는 사람에게도 "이런
마음을 가졌으니 나는 안전할 거야"하는 생각을 부추길 수 있습니
다. 믿음을 저버린 사울 왕도 처음에는 자신을 낮추어 생각하는 사람
이었습니다(삼상 9:21).

　약속의 말씀을 신앙의 유일한 근거로 삼고 그 이상을 추구하지 않
는 사람도 많습니다. 유대인들은 율법의 문자에 현혹되어 모세의 사
역에 함축된 영적 의미를 깨닫지 못했습니다. 그와 마찬가지로 많은
사람이 그리스도를 바라보는 대신 "주 예수를 믿으라 그리하면 너와
네 집이 구원을 받으리라"(행 16:31)는 말씀과 "누구든지 주의 이름을
부르는 자는 구원을 받으리라"(롬 10:13)와 같은 약속만을 의지합니
다. 그들은 보석 상자만 볼 뿐 그 안에 담긴 보석, 곧 그리스도를 믿
지 않으며 그분에게 관심도 기울이지 않습니다. 그러나 그리스도를
마음으로 모시고 그분의 주권에 진정으로 복종하지 않으면 아무 소
용없습니다.

　지금까지 저는 하나님께서 이름뿐인 신자들 중 일부에게라도 거
짓된 확신에서 벗어날 수 있는 은혜를 베풀어 주시기 바라는 마음으
로 이야기했습니다. 하지만 혹시라도 하나님의 선택된 백성이 듣고

오해하는 일이 없도록 존 번연의 『내게로 오라』 중 일부를 인용하고 싶습니다.

그리스도께 나아가고 있는지를 어떻게 알 수 있을까? 다음과 같은 질문을 던져 보면 알 수 있다. 죄를 슬퍼하는가? 죄를 혐오하며 죄 때문에 고통스러워하는가? 독사를 본 것처럼 죄에서 멀리 도망치려 하는가? 자신의 의로는 하나님 앞에서 의인이라 인정받기가 불가능하다고 믿으며 울부짖는가? 주 예수님께 구원을 간절히 호소하는가? 세상의 온갖 죄와 쾌락보다 그리스도의 보혈 한 방울이 자신을 구원으로 인도하는 데 더 큰 가치와 공로를 발휘한다고 믿는가? 예수 그리스도께 죄지은 것을 애통하게 여기는가? 그리스도를 위해서라면 세상의 모든 것을 포기할 만큼 그분을 흠모하는가? 그리스도의 이름과 그분을 향한 사랑 때문에 온갖 시련과 고통을 기꺼이 감수하고자 하는가? 하나님의 성도를 보배롭게 생각하는가? 만일 그렇다면 그리스도께 나아가고 있는 것이다.

✦ ✦ ✦

구원의 확신이란 그리스도 예수 안에서 새로운 피조물로 거듭났음을 자각하는 것으로, 성경과 성령의 초자연적인 사역에 의해 이루어집니다. 그리고 우리의 거듭난 양심과 더불어 우리 안에 내주하시는 성령 하나님께서 친히 증언해 주십니다. 참된 구원의 확신을 가진 사람은 자신의 전적인 타락과 부패를 통감하여 하나님의 은혜만을 의지합니다. 또 예수 그리스도의 절대주권을 인정하여 그분을 삶의 주인으로 영접합니다. 참된 구원의 확신을 가진 사람은 자신의 곤고한 사망의 몸을 슬퍼하는 동시에 믿음의 눈을 들어 완전한 거룩함에 이르게 될 날을 바라봅니다.

STUDIES ON

4

구원을 확신하라

SAVING FAITH

Chapter 1

어떻게 구원을 확신할 것인가?

참 믿음인 줄 알았지만 결국 거짓 믿음으로 판명되는 경우가 얼마든지 있습니다. 참 신자는 단지 "나는 구원을 아노라" 하고 말하는 데 그치지 않고 구원에 이르는 지식이 있음을 입증해야 합니다. 성경 말씀에 비춰 자신이 과연 '하나님이 택하신 자의 믿음'을 소유하고 있는지 점검해야 합니다. 구원에 이르는 참 믿음의 표징은 무엇일까요? 구원의 말씀을 듣고 믿으며 지켜 인내로 결실하는 것, 그리스도의 형상을 닮아가는 것, 선한 양심으로 행하기에 힘쓰는 것입니다.

오늘날 기독교의 상황은 과거와 매우 다릅니다. 따라서 진리의 다양한 측면을 그때그때 상황에 맞춰 강조하는 노력이 필요합니다. 지금까지 시대가 바뀔 때마다 하나님의 충실한 종들은 다양한 상황에서 온갖 종류의 오류와 맞서 싸우며 그에 적합한 공세와 수세를 취해 왔습니다. 어떤 오류를 바로잡는 데 효과를 발휘했던 방법은 또 다른 오류 앞에서는 그 효력을 잃기도 합니다. 따라서 그때마다 성경이라는 무기고에서 새로운 무기를 꺼내 사용해야 합니다.

극단을 오가는 영적 부흥의 역사

'암흑시대'로 알려진 중세가 끝날 무렵 (물론 그때도 하나님은 확실한 증거를 감추거나 침묵하지 않으셨습니다), 하나님은 새로운 영적 부흥을 허락하여 기독교계를 일깨우셨습니다. 당시 종교 개혁자들은 로마 가톨릭 교회의 터무니없는 오류들, 가령 죽음의 시간이 다가오기 전에는 아무도 구원을 확신할 수 없다는 등의 주장과 맞서 싸웠습니다. 루터와 동시대의 개혁자들은 하나님의 구원에 확신을 가지고 그분의 약속을 굳게 붙잡으라는 메시지를 전했지만 때때로 열정이 지나쳐 성경의 근거와는 무관한 입장에까지 이르기도 했습니다.

그러나 하나님의 큰 은혜로 정교도 시대에 와서는 진리의 균형을 다시 회복할 수 있었습니다. 루터와 그의 동료들은 이신칭의(믿음으로 말미암아 의인이라 칭함을 받음)를 핵심 교리로 강력하게 주장했습니다. 하지만 16세기 말에서 17세기 초 윌리엄 퍼킨스와 토머스 게이테커, 로버트 롤록을 비롯한 사람들이 성화를 그와 대등한 교리로 부각시켰습니다. 그로부터 50년 동안 교회는 성경에 능통하고, 하나님의 가르침과 능력에 힘입어 다방면에 걸친 사역을 훌륭하게 이끈 목회자들이 대거 출현하는 축복을 누렸습니다. 토머스 굿윈, 존 오웬, 스티븐 차녹, 존 플라벨, 리처드 십스와 같은 사람들은 혼돈의 시대에 살며 혹독한 박해를 당하면서도 사도 시대 이후 오늘날에 이르기까지 누구보다 뛰어난 하나님의 도구가 되어 능력 있게 말씀을 가르쳤습니다.

청교도의 사역은 진리의 균형을 유지했습니다. 그들은 하나님의 값없는 은혜를 강조하고, 사람의 공로가 아니라 오직 그리스도의 속죄 사역만이 천국에 갈 수 있는 길이라고 가르쳤습니다. 그러면서도 신자의 마음과 삶 속에서 일어나는 성령의 초자연적인 갱신의 역사가 구원의 필수 요소라는 점을 간과하지 않았습니다. 그들은 믿음을 고백하는 사람들을 신자로 인정하기 전에 먼저 그들의 진정성을 엄격히 시험하고 믿음의 결과와 열매를 요구했습니다. 또한 그들은 자아 성찰을 강조하며 '그리스도 안에서 새로운 피조물이 되었음'을 입증하는 증거를 요구했습니다. 아울러 그들은 신자 스스로가 확실한 구원의 증거를 가지고 있는지 살피며 "부르심과 택하심을 굳게 하라"고 권고했습니다. 물론 그들의 시대가 완벽했다는 것은 아닙니다. 하지만 초대 교회 이후 그 어느 때보다 많은 영혼이 자기기만을 뉘우치고 위선에서 돌아선 시대라고 할 수 있습니다.

18세기는 믿음에서 벗어나 쇠퇴의 길에 접어든 시대였습니다. 청교도 지도자들이 차례로 세상을 떠난 뒤 그들의 공백을 메울 사람들은 나타나지 않았고 물질의 번영이 영적 타락을 부추겼습니다. 아르미니우스주의가 급속히 확산되고 이신론(단일신론)을 비롯해 여러 가지 이단 사상이 뒤를 이었습니다. 세속주의가 교회 내에서 기승을 부렸고, 교회 밖에서는 무법과 악이 판쳤습니다. 복음의 나팔은 침묵했으며 하나님께 선택된 남은 자들은 보잘것없는 숫자로 줄어들어 영향력을 미치지 못했습니다. 하지만 죄가 더한 곳에 은혜가 더욱 넘치는 법입니다. 하나님의 빛이 다시금 어둠을 뚫고 환하게 빛났습니다. 하나님은 조지 화이트필드, 윌리엄 로메인, 존 길, 제임스 허비 같은 사람들을 세워 영원한 언약 안에 나타난 하나님의 주권적인 은혜와 그리스도 속죄 사역의 효력, 거듭나게 하시는 성령의 사역 등을 집중적으로 전하게 하셨습니다. 수많은 성도가 회복되고 죄인들이 그리스도에게 인도받았습니다.

18세기 후반에 일어난 영적 부흥을 통해 기독교 신앙의 위대한 교리들이 크게 부각되었습니다. 하나님의 종들은 그 후 2-3세대를 거치면서 진리의 균형을 유지하기 위해 신앙의 경험적인 측면을 강조해야 할 필요를 느꼈습니다. 그들은 "머리로만 믿는 정통수의 신앙으로는 아무도 천국에 들어갈 수 없다. 반드시 도덕적, 영적 변화가 뒤따라야 한다. 그런 변화는 거듭나는 순간에 시작되어 계속 성화의 과정을 거치게 된다"라고 주장했습니다. 그러면서 정통주의 교회 내에서도 교리 해설은 점점 뒷전으로 물러나고 마음과 삶에 말씀을 구체적으로 적용하는 사역이 주를 이루었습니다. 이는 곧 진지한 자아 성찰을 요구했고, 그 결과 의심과 실망으로 귀결될 때가 많았습니다. 설교자와 성경 교사들이 진리의 객관적 측면과 주관적 측면의 균형을 유지하지 못하고 후자에 더 큰 비중을 두는 바람에 신비주의에 치우치거나 구원의 확신에 이르지 못하는 현상이 나타난 것입니다.

19세기 후반에 이르자 많은 신자들이 비관적인 신앙관을 갖게 되었습니다. 그들은 구원의 확신을 광신주의나 주제넘은 태도로 간주

할 때가 많았습니다. 또한 그리스도인의 '두 본성'에 관한 그릇된 가르침과 불건전한 자아 성찰의 습관 때문에 거듭난 상태를 입증하는 가장 중요한 증거가 의심과 두려움, 한숨과 탄식이라고 여겼습니다. 게다가 속된 육신의 정욕에 사로잡혀 살다 보니 하나님의 자녀라는 확신을 갖기가 더욱 어려웠습니다. 이런 상황에서 훈련을 제대로 받지 못한 목회자들과 성경 교사들은 그리스도와 그분의 완성된 속죄 사역에 대한 관심을 촉구하는 한편, 구원의 확신을 하나님의 객관적인 말씀에서 찾으라고 강조했습니다. 한 가지 폐단이 시정되면 또 다른 폐단이 일어나기 마련입니다. 성경의 문자를 강조하다 보니 자연히 성령 사역은 뒷전으로 밀렸습니다. 당시 사람들은 누구에게나 보편적으로 적용할 수 있는 해결책을 찾았다고 생각했고, 그것을 근거로 피상적인 사역이 이루어졌습니다. 오늘날 개인적으로 거듭난 증거가 전혀 없는데도 성경 말씀을 인용하며 그리스도의 구원을 확신하는 사람이 얼마나 많습니까? 지금 우리는 그때 뿌려진 씨앗의 열매를 거두고 있는 셈입니다.

움직이는 진리의 중심축

지금까지 간단하게 고찰해 본 대로 상황은 극단을 벗어나 또 다른 극단으로 기울었습니다. 인간은 극단에 치우치는 경향이 있습니다. 오직 하나님의 은혜만이 중립을 지킬 수 있게 도와줍니다. 신앙의 역사를 주의 깊게 살펴보면 하나님의 종들이 상황에 따라 강조점을 달리하는 것을 알 수 있습니다. "너희가……이미 있는 진리에 서 있으나"(벧후 1:12)라는 말씀도 바로 그런 뜻입니다. 이 말씀은 진리의 특정한 한 가지 측면이 주어진 상황에 가장 적합하다는 의미를 담고 있습니다. 청교도가 종교 개혁자들의 가르침을 앵무새처럼 되풀이했다면 그들은 든든한 기반을 형성할 수 없었을 것입니다. 물론 존 오웬의 가르침이 마르틴 루터의 가르침과 모순을 일으켰다는 뜻은 결코 아닙니다. 오히려 그는 루터를 보완했습니다. 하나님의 주권적인 은혜와 그리스도의 의의 전가에 관한 성경의 진리 가운데 특별한 측면을 부각하다 보니 성도의 내면에서 이루어지는 성령의 사역에 관심을 집중하게 된 것입니다. 그와 마찬가지로 신자의 내면 상태를 이야기할 때는 하나님 앞에서의 객관적 상태를 강조함으로써 균형을 이루어야 합니다.

그러나 안타깝게도 이러한 균형의 원리를 중요하게 의식하는 사람은 거의 없습니다. 과거 존경받았던 하나님의 종들이 진리의 특정한 한 측면을 가르쳐 큰 성공을 거두었기 때문에 자신도 그들을 모방하기만 하면 똑같은 성공을 거두게 되리라 착각하는 사람들이 많습니다. 하지만 지금은 상황이 달라졌습니다. 상황이 다르면 사역의 형태도 달라져야 합니다. 성경도 "때에 맞는 말이 얼마나 아름다운고"(잠 15:23)라고 기록하고 있습니다. 하나님께서 우리의 눈을 열어 오늘날과 같은 타락한 시대에 가장 필요한 진리를 보게 하시고, 분별력을 허락해 주시기를 바랍니다.

고기와 견과류에 영양분이 많다고 해서 그것을 젖먹이에게 먹일 사람은 없습니다. 육체에 병이 들었을 때도 음식의 종류는 달라지기 마련입니다. 동일한 이치가 영혼에도 고스란히 적용됩니다. 이 점을 좀 더 분명하게 이해하기 위해 다소 극단적인 예를 들어보겠습니다.

하나님의 신실한 종이라면 누구나 영원한 형벌에 관한 교리를 충실하게 전해야 합니다. 하지만 방금 남편이나 자식을 잃고 깊은 슬픔에 잠겨 있는 여인에게 그런 말씀을 전한다면 어떻게 되겠습니까? 하늘나라의 영광과 행복 역시 귀한 성경의 진리입니다. 하지만 믿음을 고백하면서도 술에 찌들어 살아가는 사람에게 그런 진리를 가르치는 것이 온당하겠습니까? 믿음을 저버리고 타락한 사람에게 영원한 구원의 보증을 가르치는 것이 과연 잘하는 일일까요?

오늘날 하나님의 종들은 참으로 어렵고 엄숙한 상황에 직면해 있습니다. 영혼들을 충실히 대하고자 한다면 현시대가 처한 상황에 깊은 관심을 기울여야 합니다. 정신을 바짝 차리고 하나님의 지혜와 인도를 구하지 않으면 상황을 더욱 악화시킬 수 있습니다. 사람들은 확신에 넘쳐 자신이 하늘나라에 이르는 길을 걷고 있다고 생각합니다. 하지만 그들의 삶은 그들이 자기기만과 거짓된 확신에 사로잡혀 있음을 여실히 입증합니다. 요한복음 3장 16절이나 5장 24절을 믿으면 그리스도와 영원히 살 수 있을 것이라고 굳게 확신하는 사람들이 너무나 많습니다. 하나님의 참된 종이라면 그들 중 대다수가 사탄에게 현혹되어 있는 상태라는 사실을 일깨워 주어야 합니다.

열매로 나타나는 구원 신앙

이런 이야기가 있습니다. 지금으로부터 약 100년 전 영국에서는 대부분의 은행이 도산하는 바람에 사람들이 두려움에 떨었던 때가 있었습니다. 은행을 믿지 못한 한 사람이 자신의 예금을 5파운드 지폐로 모두 인출한 뒤 친구에게 그것을 금으로 바꾸어 달라고 부탁했습니다. 경제 상황은 더욱 악화되었고 그의 친구들 몇 명은 전 재산을 잃었다고 하소연했습니다. 그는 확신에 찬 어조로 돈을 금화로 바꾸어 아무도 모르는 곳에 숨겨 놓으면 안전할 것이라고 말했습니다. 얼마 후 그는 물건을 사기 위해 금화 다섯 개를 꺼내어 이 가게, 저 가게를 전전했습니다. 하지만 금을 받아 주는 곳은 아무도 없었습니다. 금화의 질이 너무 나빴기 때문입니다. 그는 깜짝 놀라 금화를 감추어 둔 곳으로 달려갔습니다. 금화는 모두 가짜였습니다.

마찬가지로 그리스도를 믿는 믿음이 참 믿음이라고 확신하더라도 결국 거짓 믿음으로 드러나는 경우가 있을 수 있습니다. 인간의 마음은 심히 부패한 상태입니다. 성경은 "스스로 깨끗한 자로 여기면서도 자기의 더러운 것을 씻지 아니하는 무리가 있느니라"(잠 30:12)고 경고합니다. "자신의 믿음이 진짜 구원 신앙이라는 것을 어떻게 알 수 있습니까?"라고 진지하게 묻는다면 저는 시험을 통해 그 믿음이

"택하신 자들의 믿음"(딛 1:1)인지를 확인하라고 대답하겠습니다. 하나님이 허락하시고 성령의 사역을 통해 생겨난 믿음에는 반드시 그에 상응하는 열매가 뒤따릅니다. 여러분의 믿음에도 그런 열매가 있는지 확인해 보시기 바랍니다.

이에 대해 "굳이 그런 수고를 할 필요가 없습니다. 내 신앙은 구원 신앙입니다. 그리스도께서 이루신 속죄 사역을 믿고 있으니까요"라고 대답할 사람이 있을 것입니다. 하지만 그런 말은 어리석음의 소치입니다. 하나님은 "너희 부르심과 택하심을 굳게 하라"(벧후 1:10)고 분명하게 권고하십니다. 헛된 자신감으로 하나님의 지혜를 외면하지 마십시오. 사탄은 사람들이 그런 시험을 통해 모래 위에 집을 짓고 있는 자신의 허상을 발견하게 될까 봐 노심초사하며 방해 공작을 펼칩니다. 스스로의 미몽에서 벗어나는 사람은 희망이 있지만 마귀의 거짓말에 계속 귀를 기울이며 그가 주는 거짓 평안에 만족하는 사람은 아무런 희망이 없습니다.

하나님께서는 친히 우리를 시험하십니다. 시험을 통해 우리의 믿음을 정직하게 측정하지 않으면 큰 낭패를 보게 될 것입니다. 요한 사도는 이렇게 말했습니다.

"내가 하나님의 아들의 이름을 믿는 너희에게 이것을 쓰는 것은 너희로 하여금 너희에게 영생이 있음을 알게 하려 함이라"(요일 5:13).

성령께서는 우리가 영생을 가졌는지 확인할 수 있도록 요한을 통해 요한일서를 기록하셨습니다. 요한일서가 오늘날의 많은 설교자와 저술가들처럼 구원을 쉽게 결정하고 해결할 수 있는 문제로 이야기하고 있습니까? 요한복음 3장 16절이나 5장 24절의 진리를 굳게 믿는 것만으로 구원을 확신할 수 있다면 하나님이 요한서신 전체를 통해 우리에게 구원의 문제를 가르치시는 이유가 도대체 무엇이겠습니까? 참 구원 신앙은 반드시 그 열매로 나타납니다.

말씀으로 검증되는 구원의 확신

구원에 진지하게 관심을 기울이는 사람이라면 요한일서를 주의 깊게 찬찬히 읽어보십시오. 다섯 장에 걸친 요한일서의 말씀 가운데 "그리스도가 이루신 속죄 사역을 믿는 자는 죽음에서 생명으로 옮겨진다"라는 말씀이 한 구절도 없다는 사실을 발견할 수 있을 것입니다. 이는 구원의 확신에 관한 오늘날의 가르침이 잘못되었다는 것을 암시합니다. 요한일서에는 그런 말씀이 없을뿐더러, "우리가 안다"는 표현도 오늘날 구원의 확신을 뒷받침하는 근거로 널리 주장되는 의미와 사뭇 다르게 나타납니다. 요한일서 2장 3절은 "우리가 그의 계명을 지키면 이로써 우리가 그를 아는 줄로 알 것이요"라고 말합니다. 더 이상 설명이 필요 없는 말씀 아닙니까? 경건한 싫은 그리스도가 이루신 속죄 사역을 통하여 우리가 하나님의 자녀가 되었다는 첫 번째 증거입니다.

바로 다음 구절도 "그를 아노라 하고 그의 계명을 지키지 아니하는 자는 거짓말하는 자요 진리가 그 속에 있지 아니하되"(요일 2:4)라고 엄숙히 선언합니다. 이 말씀이 불편하게 느껴지십니까? 이 말씀에 가슴이 찔리십니까? 이것은 제 말이 아니라 하나님의 말씀입니다. 정직한 마음은 빛을 두려워하지 않습니다. 진지한 영혼은 진리의 판단을 기쁘게 받아들입니다. 영혼을 귀하게 여기는 사람은 자신의 믿음이 알곡인지 껍데기인지 확인할 수 있는 기회를 놓치지 않습니다. 아직 하나님 앞에 겸손히 머리를 조아리고 구원 신앙을 간절히 구할 수 있는 시간이 남아 있습니다. 때를 놓치지 마시기 바랍니다.

요한일서 2장 3절은 참으로 명백하고 단호할 뿐 아니라 두려움을 느끼게 하는 말씀입니다. 이 말씀은 그리스도를 안다고 하면서 사실은 거짓말쟁이에 불과한 사람들이 있음을 분명하게 지적합니다. 그들은 거짓의 아비, 마귀에게 속아 넘어간 사람들입니다. 그들은 속임수를 들키지 않으려는 마귀의 온갖 술수에 넘어가 하나님의 말씀을 못마땅하게 여기며 다른 데로 눈을 돌려 버립니다. 간절히 권하건대 하나님의 엄숙한 말씀을 외면하지 마시기 바랍니다. 하나님이 그와 같은 말씀을 허락하신 이유는 우리가 자신을 돌아보며 과연 성경의 시험을 통과할 수 있는 구원의 확신을 가졌는지 점검하게 하시기 위함입니다. 위험에 적극적으로 대처하지 못하고 모래 속에 머리를 파묻는 어리석은 타조처럼 행동하지 마시기 바랍니다.

요한일서 2장의 다른 구절도 생각해 보겠습니다.

"누구든지 그의 말씀을 지키는 자는 하나님의 사랑이 참으로 그 속에서 온전하게 되었나니 이로써 우리가 그의 안에 있는 줄을 아노라"(5절).

이 말씀은 바로 앞에 나온 4절과 극명하게 대조되면서 영적 믿음과 사랑을 뒷받침하는 확실한 성경적 증거를 제시합니다. 양과 염소를 명백히 구분할 수 있는 증거 말입니다. 거짓 신앙고백자는 "그를 아노라"(4절), 즉 "그리스도를 나의 구원자로 알고 있다"라고 말합니다. 그리스도께서 이루신 속죄 사역을 의지한다고 자부하면서 구원받았음을 확신합니다. 그러나 그리스도에 대한 그의 지식은 이론일 뿐 산 지식이 아닙니다. 그는 그분의 계명을 지키지 않고 여전히 자기만족을 위해 살아갑니다. 또한 그는 솔로몬이 말한 게으름뱅이처럼 "사리에 맞게 대답하는 사람 일곱보다 자기를 지혜롭게"(잠 26:16) 여깁니다.

반면 요한일서 2장 5절에 묘사된 참 신자는 단지 "나는 아노라"고 말하는 데 그치지 않고 그 지식을 입증합니다. 요한 사도는 여기에서 그리스도를 즉흥적인 신앙의 대상으로 삼는 사람이 아니라 참 구원 신앙을 갖고 그분의 품에서 피난처를 찾는 사람의 특성, 즉 구원의 결과를 묘사합니다. 참 신자에게는 그리스도의 말씀이 양식이요 삶의 헌장이요 묵상의 주제입니다. 그는 말씀을 마음에 소중히 간직하고 기억할 뿐 아니라 행동으로 실천에 옮깁니다. 그의 생각과 기도는 그리스도의 약속만큼이나 그분의 계명에 집중됩니다. 내면에서 역사하는 말씀이 그의 속된 욕망을 잠재우고, 은혜를 베풀고, 실천으로 인도합니다. 마음과 생각에 가득한 말씀이 말과 행동을 통해 자연히 드러날 수밖에 없습니다. 하나님의 사랑은 그런 식으로 온전해집니다. 누구라도 그가 하나님의 자녀요, 하나님이 그의 아버지 되심을 금방 알 수 있습니다.

그렇다면 요한일서 2장 5절의 말씀처럼 그의 말씀을 완벽하게 지켜야 하는 것일까요? 그런 것은 아닙니다. 하지만 참 신자는 그렇게 하기를 간절히 바라며 정직한 노력을 기울입니다. 거듭남은 영혼 안에서 이루어지는 하나님의 은혜의 기적입니다. 거듭남을 통해 하나님을 사모하는 마음과 그분의 뜻에 복종하려는 의지가 생겨나고, 삶이 획기적으로 변화하는 역사가 일어납니다. 속된 삶이 경건한 삶으로, 불순종이 순종으로 바뀝니다. 새 탄생이 이루어지는 순간 하나님의 사랑이 성령을 통해 그 마음에 부어집니다. 그리고 그 사랑은 불 속에서 타다 남은 장작처럼, 우리를 건져 내신 하나님을 기쁘시게 하려는 욕구와 의도를 자극합니다. 참 신자와 거짓 신자의 차이는 살아 있는 사람과 죽은 사람의 차이보다 큽니다.

구원의 확신을 다루면서 마지막으로 살펴볼 성경 말씀은 씨 뿌리는 자의 비유입니다. 예수님은 왜 이 비유를 말씀하셨을까요? 진지한 물음과 성실한 성찰을 통해 우리가 어떤 종류의 말씀 청취자인지 분별하라는 것입니다.

예수님은 말씀을 듣는 사람을 씨앗이 뿌려지는 토양에 빗대셨습니다. 네 가지 토양 가운데 세 가지는 완전한 열매를 맺지 못합니다. 참으로 엄숙하면서도 두려운 말씀이 아닐 수 없습니다. 이를 차례대로 나열해보면, 첫째는 마귀가 마음에서 말씀을 빼앗는 사람(눅 8:12)이고, 둘째는 "뿌리가 없어 잠깐 믿다가 시련을 당할 때에 배반하는 자"(13절)이며, 셋째는 "이생의 염려와 재물과 향락에 기운이 막혀 온전히 결실하지 못하는 자"(14절)입니다. 여러분은 이 중 어디에 속합니까? 솔직한 태도로 자신의 마음이 어떤 토양에 속하는지 확인하십시오.

하지만 씨앗이 좋은 땅에 떨어진 경우도 있습니다. 그런 사람은 어떻게 알아볼 수 있을까요? 예수님은 그런 사람에 대해 어떻게 말씀하고 계십니까? "하나님의 말씀을 의지하고 그분의 약속을 의심하지 않으며 구원을 굳게 확신하는데도 생활은 전과 다를 바 없는 사람이다"라고 말씀하셨습니까? 아닙니다. 그렇게 말씀하지 않으셨습니다. 예수님은 "좋은 땅에 있다는 것은 착하고 좋은 마음으로 말씀을 듣고 지키어 인내로 결실하는 자니라"(15절)고 말씀하셨습니다. 좋은 땅과 나쁜 땅을 판별하는 기준은 지식이나 확신, 정통주의나 마음의 기쁨이 아니라 열매, 즉 자연인은 결코 맺을 수 없는 열매입니다. 그리스도의 형상을 닮아가는 것, 그것이 바로 포도나무가 되시는 예수님께 속한 사람의 열매입니다.

성령으로 증언되는 구원의 확신

그렇다면 참 신자는 자신이 구원에 이르기까지 은혜 가운데 거하며 자신의 구원이 온전하게 보존될 것이라는 사실을 어떻게 확신할 수 있을까요?

그리스도를 진정으로 믿고 그분 앞에서 선한 양심으로 행동하려고 노력하는 사람은 성령님을 통해 하나님의 약속에 근거한 믿음과 생명의 약속을 허락한 은혜를 분별하게 됩니다(요일 3:14). 또 스스로의 '영'으로 자신이 하나님의 자녀라는 사실을 증언하는(롬 8:16) 사람은 자신이 은혜의 상태에 있을 뿐 아니라 온전한 구원을 얻기까지 안전하게 보존될 것을 확신할 수 있습니다.

그러나 "확신이란, 믿음으로 그리스도의 속죄 사역을 받아들이기만 하면 구원을 영원히 안전하게 보장받을 수 있다는 확고한 신념을 가리킨다"라는 주장도 있습니다.

앞의 두 단락에 제시된 확신의 교리를 주의 깊게 읽어 보면 상당한 차이를 발견할 수 있습니다. 전자는 청교도의 교리이고, 후자는 20세기 계몽주의의 신념에 바탕을 둔 교리입니다. 전자는 "웨스트민스터 신앙고백"(장로교의 신조)에서, 후자는 "스코필드 바이블"에서 각각 가져왔습니다. 전자는 진리의 균형을 잘 유지하고 있고, 후자는 성령의 사역과 증거를 전혀 명시하지 않습니다. 이것은 우리가 구원의 확신에 관해 그동안 얼마나 잘못 이해했는지를 보여 주는 여러 사례들 중 하나일 뿐입니다. 청교도의 구원 확신 교리는 깊은 내면의 성찰을 독려하는 데 반해 통속적인 견해는 스스로 현혹된 자들을 더욱 미궁에 빠뜨립니다.

Chapter 2

구원의 확신이란 무엇인가?

구원의 확신이란 성경 말씀과 성령의 초자연적인 사역을 통해 자신이 새로운 피조물로 거듭났음을 자각하는 것입니다. 진정한 구원의 확신을 가진 사람은 자신의 부패함을 통감하여 전적으로 하나님의 은혜만 의지합니다. 내면의 동기와 자신의 믿음을 정직하게 점검하며 예수 그리스도의 절대주권을 인정하고 그분을 삶의 주인으로 모십니다.

"우리는 무엇에 대한 확신을 가져야 하는가?"라는 질문으로 시작해보도록 하겠습니다. 성경이 성령의 영감으로 기록된 오류 없는 하나님의 말씀이라는 사실에 대한 확신일까요? 그렇지 않습니다. 그런 확신은 우리가 다루고자 하는 주제와 아무런 상관이 없습니다. 그렇다면 구원이 하나님의 은혜의 선물이라는 것에 대한 확신일까요? 그것도 아닙니다. 이것도 우리의 주제와는 직접적인 관련이 없습니다.

그렇다면 구원의 확신이란 무엇일까요? 구원의 확신이란 내가 더 이상 자연인의 상태에 있지 않고 하나님의 은혜 안에 있다고 믿는 것을 뜻하며, 단순히 추론에 의한 것이 아니라 확실한 증거에 근거합니다. 즉, 성경의 위대한 진리를 통해 생각이 새로워지고 영혼 안에서 성령의 초자연적인 역사가 일어남으로써 자신이 그리스도 예수 안에서 새로운 피조물이 되었다는 사실을 자각하는 것입니다. 성경이 말하는 구원의 확신은 성령께서 성경을 통해 우리의 마음에 허락하신 지식, 곧 나의 믿음이 자연적인 것이 아니라 "택하신 자들의 믿음"(딛 1:1)에 해당할 뿐 아니라 그리스도를 진정으로 사랑하고 매사에 거듭난 사람답게 살아가야 한다는 깨달음을 가리킵니다.

영적 성품이 나타나다

웨스트민스터 신앙고백서를 만든 대표자들은 성도의 확신이 '성령을 통해 생명의 약속이 주어진 성품을 분별하는 능력'을 가리킨다고 설명했습니다. 이 말을 좀 더 자세히 살피면 다음과 같습니다. 예수님은 마태복음 5장 서두에서 복 있는 사람에 대해 설명하셨습니다. 그들은 '신자'나 '성도'라는 호칭 대신 그들이 지닌 성품의 특성으로 묘사되었습니다. 예수님이 말씀하신 내용에 우리 자신을 비춰 보면 누가 복 있는 사람인지 알 수 있습니다.

예수님은 첫 번째로 "심령이 가난한 자는 복이 있나니"(마 5:3)라고 말씀하셨습니다. '가난한 심령'이란 내 육신에 그 어떤 선한 것도 거하지 않음을 느끼는 마음을 가리킵니다. 다시 말해, 하나님 앞에서 내세울 만한 것이 아무것도 없다는 깨달음, 즉 우리 자신이 영적 파산자라는 의식입니다. 자신에게 아무런 힘과 지혜가 없기 때문에 전적으로 하나님의 은혜와 자비를 의지할 수밖에 없다고 생각하는 것이 바로 가난한 심령의 태도입니다. 따라서 심령이 가난한 사람은 자기 의와 자기만족에 치우친 라오디게아 사람들, 곧 "나는 부자라 부요하여 부족한 것이 없다"(계 3:17)라고 말하는 사람들과 극명하게 대조됩니다.

예수님은 두 번째로 "애통하는 자는 복이 있나니"(마 5:4)라고 말씀하셨습니다. 자신이 영적 파산자라는 사실을 의식하는 것과 그 사실을 자기 영혼으로 통감하는 것은 별개입니다. 의식하는 것을 넘어 감정으로 느껴야 영혼 깊은 곳에서부터 "나는 쇠잔하였고 나는 쇠잔하였으니 내게 화가 있도다"(사 24:16)라고 부르짖을 수 있습니다. 은혜 안에서 성장하지 못하고 하나님의 영광을 위해 살지도 못했다는 깊은 고뇌를 느낄 수 있을 때 비로소 비참한 심정으로 하나님의 풍성한 은혜를 갈망할 수 있습니다. 애통하는 사람은 자신의 부패한 상태를 갈수록 더욱 깊이 인식합니다. 그런 마음의 소유자는 선을 행하기 원하는 자신에게 악이 함께 있다는 사실을 발견합니다. 그는 마음에 교만을 품고 하나님을 거역하며 불신앙에 치우친 자신의 어리석음을 깊이 뉘우치며 심한 갈등을 느낍니다. 이렇듯 애통하는 사람은 스스로 거룩한 열망을 지녔다고 생각하기보다 늘 패배자의 길을 걷고 있다는 생각에 가슴을 졸이며 "오호라 나는 곤고한 사람이로다 이 사망의 몸에서 누가 나를 건져내랴"(롬 7:24)라고 부르짖습니다.

예수님은 세 번째로 "온유한 자는 복이 있나니"(마 5:5)라고 말씀하셨습니다. 온유함이란 자기 고집과 반대되는 순종을 뜻합니다. 또한 온유함은 하나님의 뜻에 따라 복종의 태도를 취하는, 부드럽고 유연한 마음을 가리킵니다.

이처럼 복 있는 사람의 세 가지 특성은 외적인 행동이 아니라 내면의 성품, 즉 겉으로 드러나는 행위가 아니라 영혼의 상태와 관련되어 있습니다. 아울러 이 성품들은 세상에서 인기를 누리거나 사람들을 즐겁게 하는 것과 전혀 무관합니다. 오히려 라오디게아 사람들처럼 영적으로 풍족하다고 믿는 세상 사람들로부터 환영받지 못합니다. 그들은 영적 빈곤을 느끼고 날마다 자신의 무력함과 부패함과 열매 없음을 애통해하기 때문에 스스로 의인임을 내세우는 사람이나 자기주장이 강한 사람에게 환심을 사기 어렵습니다. 또한 그들은 바리새인 같은 사람들에게 멸시를 당하며, 로마서 7장이 말하는 죄 문제에서 벗어나 구원을 확신하는 로마서 8장처럼 살고 있다고 자부하는 사람들의 비웃음을 사기 십상입니다. 이런 성품의 사람들은 하나님 앞에서는 큰 가치를 지니지만 교만에 잔뜩 부푼 거짓 신자들에게는 그저 멸시의 대상일 뿐입니다.

이 밖에도 예수님은 산상설교의 서두에서 복 있는 사람의 특성을 몇 가지 더 묘사하셨습니다. 예를 들어, "이를 위하여 박해를 받은 자는 복이 있나니……나로 말미암아 너희를 욕하고 박해하고 거짓으로……모든 악한 말을 할 때에는 너희에게 복이 있나니"(마 5:10-11)라는 말씀이 있습니다. 그러나 여기에서의 박해는 악행을 저지르거나 실수를 범해서 마땅히 받게 되는 박해를 말하는 것이 아닙니다. 괴팍하고 이기적인 성격으로 비난을 자초한 사람은 여기에서 말하는 복 있는 사람, 곧 그리스도를 위해 박해를 받는 부류에 해당하지 않습니다. 복 있는 사람에게 박해가 가해지는 이유는 그들의 성품과 행위가 그리스도를 닮았기 때문입니다. 그들의 경건한 태도가 박해를 유발하는 이유는 그들이 거짓 믿음을 고백하는 사람들의 속된 삶을 꾸짖어 반발심을 자극하기 때문입니다. 그리스도께서는 개들이 달려들어 괴롭히기 좋아하는 온순한 양과 같은 사람들, 곧 육에 속한 사람들이 미워하는 신령한 사람들이 복이 있다고 말씀하십니다.

이러한 기준에 자신을 비춰볼 수 있는 은혜를 구하시기를 바랍니다. 여러분의 영혼 안에 이런 경건한 성품들이 있습니까? 하나님의 아들 예수님이 "복이 있나니"라고 말씀하신 표징들이 여러분의 성품에 각인되어 있습니까? 진정으로 심령이 가난합니까? 그리스도께 복종하지 못한 것과 자신의 연약한 믿음과 사랑이 없는 냉랭한 태도를 진정으로 애통해하십니까? 온유하십니까? 자신의 고집을 버리고 하나님께 복종하고 싶은 마음이 있습니까? 의에 주리고 목마릅니까? 은혜의 수단을 힘써 사용합니까? 열심히 성경을 배우며 진지하게 기도하고 있습니까? 다른 사람을 긍휼히 여길 줄 압니까? 불순한 생각이 떠오를 때 즉시 뉘우칠 줄 아는 청결한 마음을 소유하고 있습니까? 만일 그렇지 않다면 자신을 복 있는 사람으로 생각하지 마시기 바랍니다. 오히려 죄를 미워하시는 거룩한 하나님의 저주 아래에 있다고 말하는 것이 나을 것입니다.

물론 그런 영적 성품을 완전하게 갖춰야 한다는 것은 아닙니다. 완전한 성품은 현세에서 결단코 이루어질 수 없습니다. 하지만 그러한 성품이 조금도 나타나지 않는 것이 문제입니다. 자아를 온전히 버릴 수는 없지만 그렇게 되기를 간절히 바라며 기도할 수 있어야 합니다. 우리 안에 있는 죄의 원리와 영향력을 온전히 뉘우칠 수는 없다 해도 마음 가운데 깊이 자리 잡고 있는 죄의 본성과 그 영향력을 신지하게 의식할 수 있어야 합니다. 원하는 만큼 온전히 온유해질 수 없더라도 그 뿌리가 심령 속에 자리 잡은 흔적이 여실히 드러나야 합니다. 다시 말해 "처음에는 싹이요 다음에는 이삭이요 그 다음에는 이삭에 충실한 곡식이리"(막 4:28)는 말씀대로 성장의 징후가 보여야 합니다. 그런 징후가 없으면 성장할 수 없을뿐더러, 성장하는 것이 아닙니다.

마음속에 은혜의 씨앗이 심겨 있습니까? 이는 이 글을 읽는 여러분 각자가 확인해야 할 문제입니다. 막연히 그럴 것이라고 생각하거나 당연시하지 말고 "굳게 하라"(벧후 1:10)는 말씀대로 철저하게 확인해야 합니다. 마음을 충실히 살펴보고 하나님께서 축복으로 갚아 주겠다고 약속하신 영적 성품이 자신에게 있는지 알아내야 합니다

자아를 영적으로 성찰하다

구원의 확신은 주제넘은 속단이나 의심에 찬 회의와는 거리가 멉니다. 구원의 확신은 철저한 자기 성찰을 요구합니다. 하지만 정통주의 신앙을 가졌다 하는 자들 중 일부는 자아 성찰이 나쁜 것은 아니지만 평신도가 자기 내면을 너무 깊이 성찰하는 것은 다소 위험하다는 생각을 가지고 있습니다. 우리는 다른 문제와 마찬가지로 이 문제에 대해서도 진리의 균형을 갖추어야 합니다. 물론 지나치게 자기 분석적인 태도는 바람직하지 않습니다. 하지만 신자가 내면을 성찰하고, 자신의 믿음을 시험하고, 내면의 동기를 살펴봄으로 자신 안에 구원에 이르는 믿음의 뿌리가 있는지 확인하는 것은 성경의 가르침과 명백하게 일치합니다.

거듭남은 하나님이 우리 안에서 이루시는 사역입니다. 우리의 영원한 운명은 하나님의 사역에 달려 있습니다. 따라서 진지한 생각을 지닌 사람이라면 이 은혜의 기적이 자신 안에 이루어지고 있는지 힘써 확인해야 합니다. 바울은 갈라디아 신자들을 염려하는 마음으로 "나의 자녀들아 너희 속에 그리스도의 형상을 이루기까지 다시 너희를 위하여 해산하는 수고를 하노니"(갈 4:19)라고 말했습니다. 또 골로새 신자들에게는 "너희 안에 계신 그리스도시니 곧 영광의 소망이니라"(골 1:27)고 말했습니다.

예수님은 "악을 행하는 자마다 빛을 미워하여 빛으로 오지 아니하나니 이는 그 행위가 드러날까 함이요 진리를 따르는 자는 빛으로 오나니 이는 그 행위가 하나님 안에서 행한 것임을 나타내려 함이라"(요 3:20-21)고 말씀하셨습니다. 거듭나지 못한 사람과 거듭난 사람, 믿지 않는 사람과 믿는 사람의 중요한 차이가 여기에 있습니다. 불신앙은 판단의 오류나 사변적인 실수와 무관합니다. 그런 실수는 정직한 생각을 지닌 사람도 얼마든지 저지를 수 있습니다. 불신앙은 하나님을 대적하는 마음에서 비롯합니다. 자연인은 하나님의 빛을 미워합니다. 그는 그 빛이 자신의 양심을 불안하게 만들고, 자신의 주제넘은 자신감을 뒤흔들며, 자신의 거짓 평안을 깨뜨릴까 봐 두려워합니다. 하지만 선하고 정직한 마음을 소유한 사람의 태도는 그와 정반대입니다. 진지하고 양심적인 사람, 곧 하나님의 온전하신 뜻을 깨달아 행하기 원하는 사람은 그분의 빛을 환영합니다.

참 신자는 자연 상태의 마음에 관한 성경의 증언, 곧 "만물보다 거짓되고 심히 부패한 것은 마음이라"(렘 17:9)는 말씀을 믿고, 허탄한 마음에 미혹되지 않으려고 노력합니다. 허탄한 마음은 악독이 가득하여 불의에 매인 바 되었는데도 스스로 자신의 영혼이 안전하다고 믿게 합니다. 하지만 참 신자는 하나님의 말씀이 거짓의 아비인 사탄에 대해 가르치는 것을 믿고, 혹시나 마귀가 거짓 평안으로 자신을 속일까 봐 영혼의 경각심을 곤두세웁니다. 그는 다윗처럼 자신의 영혼과 대화를 나누고 자신의 심령을 부지런히 살핍니다. 성경의 빛에 자신의 성품과 행위를 비춰 보아, 그것이 하나님을 진정으로 사랑하는 마음에 근거한 것인지 아니면 자신을 사랑하는 마음에 근거한 것인지를 살핍니다.

이런 말은 자아를 신뢰하는 태도를 독려하기 위함이 아닙니다. 오히려 하나님을 향한 자신감을 진작시키기 위해서입니다. 하나님을 사랑하는 것과 그 사랑 안에서 만족을 발견하는 것은 별개의 문제입니다. 성경이 가르치는 자아 성찰의 목적은 우리 안에서 하나님께 인정받을 수 있는 요소나 그분 앞에서 의롭다 여겨질 수 있는 근거를 찾는 것에 있지 않고, 내 안에서 그리스도의 형상이 이루어지고 있는지를 확인하는 데 있습니다. 우리는 두 가지 극단을 경계해야 합니다. 즉 우리 내면에서 일어나는 성령의 사역에만 치중하여 그리스도의 객관적인 속죄 사역을 도외시해서는 안 됩니다. 또한 그리스도의 속죄 사역(의의 전가)에만 지나치게 치중하여 실제로 의의 씨앗을 영혼에 심어 주시는 성령의 사역을 무시하고 경시하는 것은 옳지 않습니다. 우리는 삼위일체 하나님 중 세 번째 위격이신 성령님의 사역, 즉 영혼 안에 거하며 획기적인 삶의 변화를 일으키시는 그분의 사역을 확인할 필요가 있습니다. 구원의 확실한 증거는 바로 마음속에서 이루어지는 성령의 사역입니다.

말씀에 복종하다

우리의 내면을 들여다보고 마음을 성경의 빛에 비춰 볼 때, 그 안에 성령의 사역만 발견되는 것은 아닙니다. 아니, 그런 일은 결코 없습니다. 우리 안에는 부패한 요소가 여전히 많이 남아 있습니다. 참 신자는 상반된 두 본성, 즉 서로 반대되는 두 원리가 자신의 내면에서 갈등하고 있음을 발견하게 됩니다. 이는 비단 로마서 7장과 갈라디아서 5장 17절뿐 아니라 솔로몬의 아가서에도 명백히 기록되어 있습니다.

> "너희가 어찌하여 마하나임('두 군대'라는 뜻)에서 춤추는 것을 보는 것처럼 술람미 여자를 보려느냐"(아 6:13).
> "예루살렘 딸들아 내가 비록 검으나 아름다우니 게달의 장막 같을지라도 솔로몬의 휘장과도 같구나"(아 1:5).
> "내가 잘지라도 마음은 깨었는데"(아 5:2).

위 말씀은 술람미 여인의 상태를 잘 말해 주고 있습니다. 자연인에게는 이처럼 모순된 상태가 낯설겠지만 거듭난 사람은 쉽게 이해할 수 있을 것입니다. 거듭난 영혼은 "내가 믿나이다 나의 믿음 없는 것을 도와 주소서"(막 9:24)라는 기도가 자신의 처지를 대변한다는 사실을 경험합니다.

참 신자가 자신의 실제 상태를 확신하기 어려운 이유는 마음속에 너무나도 많은 갈등이 일어나기 때문입니다. 따라서 그는 "여호와여 나를 살피시고 시험하사 내 뜻과 내 양심을 단련하소서"(시 26:2)라고 부르짖습니다.

반면 육신의 생각과 그릇된 자신감에서 비롯된 거짓 확신의 소유자는 주님께 "나를 시험하소서"라고 부르짖을 필요를 느끼지 못합니다. 오히려 사탄에게 완전히 속아 넘어가 그런 태도를 불신앙으로 간주해 버립니다. 그는 악을 선하다 하며 선을 악하다 하고, 흑암으로 광명을 삼으며 광명으로 흑암을 삼습니다(사 5:20). "하나님이여 나를 살피사 내 마음을 아시며 나를 시험하사 내 뜻을 아옵소서 내게 무슨 악한 행위가 있나 보시고 나를 영원한 길로 인도하소서"(시 139:23-24)라고 부르짖는 것은 거듭났다는 확실한 증거 가운데 하나입니다.

이렇게 말하면 어떤 사람은 "우리가 구원받았는지 버림받았는지를 확인하기 위해 그토록 많은 노력을 기울일 필요가 있습니까?"라고 반문할지도 모르겠습니다. 또한 "요한복음 5장 24절을 믿고 있기에 그것으로 충분합니다"라고 말할 수도 있을 것입니다. 하지만 그 말씀은 예수님을 따르는 제자에게 주어진 약속이 아니라 온갖 사람들이 함께 모인 자리에서 선포된 교리입니다. 그래도 "나는 이 말씀에 약속이 포함되어 있다고 믿습니다. 나는 이 말씀을 굳게 붙잡을 것입니다"라고 말한다면 저는 이렇게 되묻겠습니다. "진정으로 이 말씀이 본인에게 해당한다고 확신합니까? 이 말씀에 보배로운 약속이 포함되어 있다는 사실은 기꺼이 인정하겠지만 그 약속이 누구에게 주어진 것인지 확인해야 하지 않겠습니까?"라고 말입니다.

요한복음 5장의 말씀을 한 번 살펴보겠습니다.

"내가 진실로 진실로 너희에게 이르노니 내 말을 듣고 또 나 보내신 이를 믿는 자는 영생을 얻었고 심판에 이르지 아니하나니 사망에서 생명으로 옮겼느니라"(요 5:24).

약속은 누구에게 주어진 것입니까? "내 말을 듣는" 자입니다. 여러분은 진정으로 주님의 말씀을 '듣는' 사람이라고 말할 수 있습니까? 그렇다고 확신합니까? 문자적인 표현에 현혹되지 마십시오. 여기에서 '듣는다'는 귀로 듣는 것이 아니라 마음으로 반응하는 것을 의미합니다. 예수님은 많은 사람들에게 "(귀로) 들어도 (마음으로) 듣지 못하며"(마 13:13)라고 말씀하셨습니다. 지금도 마찬가지입니다. 영적으로 듣는 것, 곧 구원을 가져오는 '들음'은 말씀을 받아들여 그 말씀에 순전히 복종하는 것을 의미합니다. 당신은 지금 그분의 말씀에 복종하십니까? 난지 호기심을 충족하기 위해서가 아니라 실천에 옮실 생각으로 성경을 부지런히 뒤적이며 주님의 계명을 알려고 노력하십니까? 당신은 지금 그분의 계명을 사랑하십니까? 실제로 행동에 옮기고 있습니까? 그런 노력이 단지 한두 번에 그치지 않고 늘 일관된 삶의 태도로 발전되고 있습니까? 이렇듯 듣는다는 것은 단지 귀로만 듣는 것이 아니라 복종하는 태도를 의미합니다.

이렇게 말하면 누군가는 "전적으로 그리스도만 의지하려는 믿음을 파괴하지 마십시오. 당신은 지금 우리로 하여금 성경에서 눈을 떼고 우리 자신에게 매달리도록 유도하고 있습니다"라고 말할지 모르겠습니다. 하지만 성경은 네 자신과 가르침을 살피라고 말합니다 (딤전 4:16).

이에 대해 "우리의 비참한 자아를 살펴본들 무슨 확신을 가질 수 있겠습니까? 나는 차라리 기록된 말씀에 충실하겠습니다"라고 반문하는 사람이 있을 겁니다. 저는 성경 말씀이 우리의 삶 속에 고스란히 녹아들어야 한다고 강조할 뿐입니다. 누가 저에게 "주 예수를 믿으라 그리하면 너와 네 집이 구원을 받으리라"(행 16:31)는 말씀을 인용하며 "그것으로 충분하지 않습니까?" 하고 묻는다면 "바울이 그 말씀을 어떤 상황에서 누구에게 말했는지 생각해 보셨습니까?"라고 되묻고 싶습니다.

"주 예수를 믿으라 그리하면 너와 네 집이 구원을 받으리라"는 사도 바울의 말은 불특정 다수 혹은 경솔하고 부주의한 사람에게 주어진 것이 아닙니다. 그의 말은 어둠에서 깨어나 잘못을 뉘우치며 겸손히 땅에 엎드려 "내가 어떻게 하여야 구원을 받으리이까"(행 16:30)하고 물었던 사람을 향한 것이었습니다. 이 말씀에서 바울이 고뇌에 사로잡힌 간수에게 '예수님'을 믿으라거나 '그리스도'를 믿으라고 말하지 않고, '주 예수'를 믿으라고 표현한 점에 유념하십시오.

주 되심을 인정하다

구원에 이르는 믿음이란 과연 무엇일까요? 이미 앞에서 "구원 신앙이란 무엇인가?"를 다룰 때 길게 논한 바 있지만 다시 설명하자면 다음과 같습니다.

요한복음 1장 12절에 따르면 '믿는다'는 것은 '영접한다'는 것, 곧 그리스도 예수를 주로 받는 것을 의미합니다. 그리스도를 주님으로 영접하지 않으면 그분을 자신의 구원자로 받아들일 수 없습니다. "자기 땅에 오매"(요 1:11)라는 말씀은 그리스도의 신분을 명백히 밝히고 있습니다. 그분은 유대인의 왕이요, 이 땅의 합법적인 소유주였지만 유대 백성은 "이 사람이 우리의 왕 됨을 원하지 아니하나이다"(눅 19:14)라고 말하며 그분을 영접하지 않았습니다. 이것은 매우 중요한 문제입니다. 당신은 주 예수 그리스도를 영접하셨습니까? 지금 저는 "예수님이 이루신 속죄 사역만을 믿습니까?"라고 묻기 보다는 "그분의 왕권에 복종하고 그분의 권위를 행동으로 인정하고 있습니까?"라고 묻고 있습니다. 자신이 주인이 되어 사는 삶을 포기했습니까? 만일 그렇지 않다면 주 예수 그리스도를 믿는다고 할 수 없습니다. 따라서 사도행전 16장 31절의 "주 예수를 믿으라 그리하면 너와 네 집이 구원을 받으리라"는 약속도 적용되지 않습니다.

로마서 8장 9절은 "누구든지 그리스도의 영이 없으면 그리스도의 사람이 아니라"고 말합니다. 이 말씀도 사도행전 16장 31절과 마찬가지로 하나님의 말씀인데 어찌된 일인지 거의 인용되지 않습니다. 그리스도의 영이 우리 안에 거하신다는 것을 어떻게 알 수 있을까요? 그것은 우리 안에서 성령으로 거듭나게 하시는 은혜와 거룩하게 하시는 은혜의 열매를 발견함으로써 알 수 있습니다. 물론 성령의 열매나 선행은 우리가 내세울 수 있는 공로가 아닙니다. 그것은 단지 하나님의 자녀가 되었다는 증거일 뿐입니다.

Chapter 3

무엇이 구원의 확신을 견고하게 하는가?

단순히 그리스도를 믿는 믿음만으로 구원이 완성될까요? 그렇지 않습니다. 회개와 행함이 뒤따르지 않는 구원 신앙은 쉽게 약해지거나 변질될 수 있습니다. 베드로가 권고한 것처럼 우리는 부르심과 택하심을 굳게 하기 위해 적극적으로 완전을 향해 나아가야 합니다. 회개의 열매를 맺고 그리스도의 성품에 참예하는 데 힘써야 합니다.

'구원의 확신'이라는 주제를 다루는 것은 결코 쉽지 않습니다. 이 글을 읽고 실족하는 분들이 없기를 간절히 기도합니다. 저는 자녀의 떡을 취하여 개들에게 주고 싶지 않습니다. 거듭나지 않은 사람들의 말뿐인 신앙고백을 들춰내는 일은 결코 쉬운 일이 아닙니다. 즉 육신에 속한 사람이면서도 그리스도 안에 있는 자들에게 주어진 거룩한 약속을 마치 자기 것인 양 자신 있게 확신하는 사람들의 눈에서 비늘을 벗겨냄으로써 자신들의 참된 영적 실상을 보게 만드는 일은 결코 쉬운 일이 아닙니다. 왜냐하면 그리스도 밖에 있는 사람들에게는 그 어떤 구원의 약속도 적용되지 않기 때문입니다(고후 1:20 참조). 그럼에도 불구하고 제가 위로부터 오는 지혜를 힘입어 이 글을 쓰는 목적은 아직 확고한 믿음을 갖지 못한 탓으로 하나님의 구원 백성이면서도 자기 자신을 여전히 죄와 허물로 죽은 자로 생각하는 일이 없도록 하기 위해서입니다.

저는 여기에서 "단순히 그리스도를 믿는 믿음만으로 구원을 받을 수 있습니까?"라는 질문을 던지고 싶습니다. 설혹 이 글을 못마땅하게 여겨 더 이상 읽기를 거부하는 사람들이 있더라도 저는 이 질문에 "그럴 수 없다"라고 분명히 대답하겠습니다. 주 예수님은 친히 "너희도 만일 회개하지 아니하면 다 이와 같이 망하리라"(눅 13:3)고 말씀하셨습니다. 회개는 믿음과 마찬가지로 구원의 필수 요건입니다. 야고보는 "아아 허탄한 사람아 행함이 없는 믿음이 헛것인 줄을 알고자 하느냐"(약 2:20)라고 말했습니다. '단순한 믿음', 즉 마음을 깨끗이 하지 못하고 사랑으로 역사하지 않으며 세상을 이기지 못하는 믿음은 그 누구도 구원할 수 없습니다.

도처에서 많은 사람이 신앙을 고백하지만 정작 죄인이 무엇으로부터 구원받아야 하는지는 잘 알지 못합니다. 너무나도 많은 사람들이 지옥으로부터의 구원만을 생각합니다. 하지만 그것은 매우 잘못된 생각일 뿐 아니라 수많은 착각과 오해를 빚어냅니다. 인간이 지옥에 가는 이유는 회개하지 않은 죄, 즉 용서받지 못한 죄 때문입니다. 성령께서는 신약 성경의 첫 장에서 성자 하나님의 이름을 "예수"라고 일컬으셨습니다. 예수라는 이름은 "자기 백성을 그들의 죄에서 구원할 자"(마 1:21)라는 뜻입니다. 그런데 오늘날 대부분의 설교자들이 하나님께서 맨 앞에 두신 말씀을 맨 뒤로 밀쳐내고 있습니다. 도대체 어찌 된 이유일까요? 죄에서 구원받았냐고 묻는 것과 지옥에서 구원받았냐고 묻는 것 중 어느 쪽이 더 모호할까요?

죄로부터의 구원을 알라

오늘날 신자를 자처하는 사람들 중에는 죄에서 구원받는다는 의미를 잘 이해하지 못하는 사람들이 너무나도 많습니다. 따라서 이 문제에는 자세한 설명이 필요합니다.

첫째, 죄로부터의 구원은 죄를 사랑하는 마음으로부터의 구원을 의미합니다. 자연인의 마음은 모든 면에서 하나님을 대적합니다. 의식하든 못하든 이는 엄연한 사실입니다. 인간은 죄악 중에 출생하였고 죄 중에 잉태되었기 때문에 자신의 본성 일부를 사랑하지 않을 수 없습니다. 주 예수님은 구원받지 못하는 사람이 심판을 받는 이유가 "빛보다 어둠을 더 사랑"(요 3:19)하기 때문이라고 말씀하셨습니다. 마음이 초자연적으로 변화되지 않으면 이 끔찍한 상태에서 결코 벗어날 수 없습니다. 우리는 오직 전능하신 구원자의 은혜를 통해 전적으로 부패한 우리의 본성과 죄를 미워할 수 있는 것입니다. 그리스도께서 구원을 베푸실 때는 반드시 죄를 미워하는 마음을 허락하십니다. 왜냐하면 "여호와를 경외하는 것은 악을 미워하는 것"(잠 8:13)이기 때문입니다.

둘째, 죄에서 구원받는다는 것은 죄를 변명하려는 성향에서 구원받는 것을 의미합니다. 자연인의 마음은 악을 행한 후 적절한 변명으로 얼버무리려는 성향이 있습니다. 태초에 아담은 죄를 인정하지 않고 그 책임을 아내에게 전가했습니다. 하와도 마찬가지였습니다. 그녀는 자신의 악함을 솔직히 인정하지 않고 뱀에게 책임을 전가했습니다. 하지만 거듭난 사람은 그렇지 않습니다. 참 신자는 죄를 뉘우치고 하나님께 잘못을 고백할 뿐 아니라 가슴을 치며 같은 잘못을 반복하지 않게 해달라고 간구합니다. 그는 죄를 싫어하지만 그런 죄의 영향력 아래에 있음을 발견하고 날마다 "죄와 더러움을 씻는 샘"(슥 13:1) 앞으로 나아갑니다. 참 신자는 하나님께 온전히 복종하고픈 욕구를 느낍니다. 그는 완전해질 때까지 잠시도 쉬지 않습니다. 자신의 실패를 변명하기보다 슬퍼하며 뉘우칩니다.

셋째, 죄에서 구원받는다는 것은 죄의 영향력과 속박에서 구원받는 것을 의미합니다. 죄는 신자의 내면에 거하면서 그를 시험하고, 괴롭히고, 상처를 입히고, 날마다 넘어지게 만듭니다. 우리는 다 실수를 하지만 죄는 신자를 온전히 주장하지 못합니다. 신자가 죄에 맞서 싸우기 때문입니다. 물론 죄와의 싸움에서 늘 승리하는 것은 아닙니다. 하지만 참 신자는 거짓 신자와는 달리 자신의 죄를 뉘우치고,

열심히 기도하며, 거룩한 삶을 열망하고, 자기 앞에 놓인 목표를 향해 나아가기 때문에 죄에게 완전히 지배당하지 않습니다. 하나님께 속한 믿음의 백성이라면 죄로부터 완전히 휘둘리거나 지배당하지 않습니다.

죄를 슬퍼하는 참 신자가 되라

물론 하나님의 자녀라 해도 개인마다 영적 성장의 정도가 다릅니다. 기질적으로 죄책감을 덜 느끼는 사람이 있는가 하면 명백한 죄를 짓지 않았는데도 죄의식에 괴로워하고 고민하는 사람이 있습니다. 또 죄를 짓지 않더라도 적극적으로 선을 행하지 못하는 것 때문에 슬퍼하는 사람도 있습니다. 양심이 매우 예민하거나 스스로에게 엄격하고 정직한 신자, 마음의 눈을 열어 자신의 부패하고 불의한 모습을 적나라하게 바라보는 신자는 죄가 이전보다 더욱 강력하게 자신을 지배하는 듯한 느낌을 받곤 합니다. 그런 사람은 아직도 자기 안에 부패의 덩어리가 크게 자리 잡고 있음을 의식합니다. 전심으로 하나님을 신뢰하고 그분의 뜻에 온전히 복종하기 원하지만 내면에서 불평과 반발심과 불신이 솟구치는 것을 느낍니다. 하나님의 일을 묵상하며 시간을 보낼 때도 악한 생각이 떠올라 괴롭고, 기도를 드릴 때도 생각이 자꾸 산만해집니다. 또한 겸손해지고 싶어도 교만한 마음이 사라지지 않고, 죄에 맞서 싸우려고 할수록 승리에 대한 확신이 사그라지는 느낌을 받습니다. 죄가 자신을 더욱 강하게 지배하고 있다는 생각이 듭니다. 저는 이런 문제로 고민하는 신자들에게 다음과 같은 말을 들려주고 싶습니다.

첫째, 그런 죄를 의식할 뿐 아니라 극복하지 못한 것에 대해 심각하게 고민하는 것 자체가 영적으로 건강하다는 징후입니다. 소경은 볼 수 없고 시체는 아무것도 느끼지 못합니다. 이는 물리적 차원이나 영적 차원에 똑같이 적용되는 이치입니다. 영혼이 살아나 새 생명을 얻는 사람만이 죄를 슬퍼할 수 있습니다. 더구나 위에서 언급된 상태는 영적으로 성장하며 자아에 대한 지식이 늘어났다는 증거입니다. 전도자는 "지식을 더하는 자는 근심을 더하느니라"(전 1:18)고 말했습니다. 우리는 하나님의 빛 안에서 빛을 봅니다. 성령께서 하나님의 거룩함을 온전히 드러내실수록 우리는 그 거룩함에 미치지 못하는 우리의 부족함을 더욱 절실히 깨달을 수밖에 없습니다. 정오의 햇빛이 어두운 방 안을 비추면 전에 보이지 않던 먼지와 티끌이 환히 드러나는 것처럼 하나님의 빛이 신자의 마음을 비출 때 그는 자기 안에 존재하는 영적 더러움을 의식하게 됩니다. 참 신자가 죄로 고민하는 이유는 그가 이전보다 더 부패한 죄인이 되었기 때문이 아니라 하나님이 부패함을 더욱 확실하게 보여 주시기 때문입니다. 아직도 우리 주변에는 소경처럼 살아가는 사람들이 헤아릴 수 없이 많습니다. 그런데 만일 하나님께서 그런 은혜를 베풀어 주셨다면 오히려 하나님께 감사하고 찬양해야 할 것입니다.

둘째, 참 신자의 마음에는 죄뿐 아니라 은혜도 함께 거합니다. 거룩하지 못한 옛 본성과 새로 태어난 거룩한 본성이 함께 존재하는 것입니다. 참 신자는 옛 본성과 마찬가지로 새로운 본성의 영향도 받으므로 그리스도의 형상을 닮아가고, 그분을 온전히 신뢰하며 열심히 사랑하고 부지런히 섬기려는 마음을 갖게 됩니다. 그런 욕구는 육신에서 비롯하지 않습니다. 죄로 고민하는 신자는 죄에 완전히 정복당하지 않습니다. 만일 죄가 온전히 주장한다면 거룩해지려는 열망을 느끼지 못할뿐더러 그런 기도를 드릴 수도 없을 것입니다. 이는 신자를 지배하기 위해 "마하나임(두 군대)"(아 6:13)이 다툼을 벌이는 것과 같은 상황입니다. 리브가의 태 안에서 에서와 야곱이 서로 싸웠던 것처럼 우리 역시 마찬가지입니다. 그러한 싸움이 있다는 것은 아직 승리가 결정되지 않았다는 증거입니다. 또 싸움이 계속되고 있다는 사실은 죄가 우리를 완전히 정복하지 못했다는 의미이기도 합니다. 죄가 완전한 승리를 거둘 것처럼 보여도 결국 승리는 우리에게 돌아올 것입니다. 왜냐하면 그리스도께서 우리를 죄에서 구원하시기 때문입니다. 우리는 "피곤한 손과 연약한 무릎을 일으켜 세우고"(히 12:12), 하나님의 적은 무리를 위해 "곧은 길을 만들어 저는 다리로 하여금 어그러지지 않고 고침을 받게"(13절)하라는 히브리서의 말씀을 기억해야 합니다.

죄를 슬퍼하지 않는 거짓 신자에서 벗어나라

이번에는 그리스도를 영접했다고 자신 있게 말하면서도 자신은 앞에 말한 상황과 전혀 무관하다고 생각하는 사람들에 관해 말해 보겠습니다. 주님은 열매를 통해 나무를 알 수 있다고 말씀하셨습니다. 그러므로 우리는 마음이라는 나무에 어떠한 열매가 맺혔는지 살피면서 자신을 성찰해야 합니다. 그 열매가 인간의 자연적 본성에서 비롯하는지 마음에 거하는 은혜에서 비롯하는지 확인해야 합니다. 이에 대해 누군가는 "우리 마음에서 어떻게 신령한 것이 나올 수 있습니까?"라고 반박할 수도 있습니다. 하지만 신령한 것은 우리의 타고난 본성이 아니라 거듭난 본성에서 비롯합니다. 그리스도께서는 "나무도 좋고 열매도 좋다 하든지"(마 12:33)라고 말씀하셨습니다. 옛 나무줄기에 새 나뭇가지를 접붙이는 순간 우리의 본성은 거듭납니다.

복음에 어울리지 않는 삶을 살면서도 믿음의 확신을 가진 척 행세하는 것은 아무 소용이 없습니다. 모든 죄에서 완전히 자유롭게 되어 영원한 행복을 누릴 수 있다고 확신하면서 동시에 서슴없이 죄를 짓는 사람들은 스스로 현혹된 것입니다. 이런 사람들은 그리스도께서 모든 죄를 온전히 대속하셨으니 죄를 지어도 얼마든지 용서받을 수 있다고 생각합니다. 지금 당장 죄를 포기할 마음이 없는데 어떻게 죄로부터 온전히 해방되겠습니까? 현세에서 성결한 삶을 좇지 않는 사람이 내세에서 거룩해지기를 바라는 것은 모순 중의 모순입니다. 영광이란 은혜가 점점 풍성해지다가 정점에 이른 상태이고, 죽음과 그리스도의 재림은 신자가 이미 시작한 거룩한 삶을 완성해 주는 것입니다. 구원에 대한 확신이 있기에 자신이 용서받고 영원한 생명을 얻었다고 말하면서도 죄를 깊이 슬퍼하거나 죄에 분노하지 않으며, 죄에서 자유롭지 못한 자기 자신을 미워하지 않는 사람은 거룩한 확신이 무엇인지 전혀 모르는 셈입니다.

믿음의 확신을 논할 때는 하나님 앞에서 의롭다 함을 받았다는 참된 근거와 그분의 영접을 받았다는 스스로의 확신을 엄격하게 구분해야 합니다. 죄인이 성삼위 하나님 앞에서 합법적인 의를 인정받을 수 있는 길은 그리스도의 거룩한 삶과 대속의 죽음으로 확립된 그분의 온전한 의를 의지하는 것뿐입니다. 그리스도의 의는 은혜의 초자연적인 사역이 마음속에 이루어져 새로운 본성이 생길 때 전가됩니다. 하나님은 법의 차원에서 구원을 베푸신 자에게 경험의 차원에서도 구원을 베푸십니다. 다시 말해, 하나님은 의롭다 하신 자를 거룩하게 하십니다. 그리스도의 의가 개인에게 전가되면 거룩함의 원리도 함께 전달됩니다. 전자는 오직 후자를 통해 확인됩니다. 성령의 사역이 구체적으로 드러나지 않는 이상 우리는 그리스도께서 이루신 속죄의 공로를 우리의 것으로 삼을 수 없습니다.

베드로 사도는 "그러므로 형제들아 더욱 힘써 너희 부르심과 택하심을 굳게 하라"(벧후 1:10)고 말했습니다. 그는 왜 "부르심"을 "택하심" 앞에 두었을까요? 로마서 8장 30절이 "미리 정하신 그들을 또한 부르시고"라고 말한 데 반해 베드로는 "부르심"을 앞에 두고 "택하심"을 그 뒤에 두었습니다. 이유는 간단합니다. 로마서는 하나님의 영원한 경륜이 시행되는 순서를, 베드로후서는 그분의 영원한 경륜에 대한 지식을 신자가 경험으로 체득하는 순서를 각각 언급하고 있기 때문입니다. 이를테면 결과를 통해 원인을 찾는 것, 곧 열매를 관찰하여 나무의 본성을 알아내는 이치라고 할 수 있습니다. 우리는 어린양의 생명책을 직접 확인할 수 없습니다. 하지만 하나님을 대적하는 죄의 어둠에서 그분과 화평을 누리는 구원의 빛으로 옮겨갔다는 사실을 확실히 보여 주는 증거를 발견한다면 우리는 우리의 이름이 그곳에 기록되어 있다고 확신할 수 있습니다.

부르심과 택하심을 굳게 하라

그렇다면 어떻게 우리의 부르심과 택하심을 굳게 할 수 있을까요? 베드로후서 1장을 살펴보면 그 대답을 찾을 수 있습니다.

"그러므로 너희가 더욱 힘써 너희 믿음에 덕을, 덕에 지식을, 지식에 절제를, 절제에 인내를, 인내에 경건을, 경건에 형제 우애를, 형제 우애에 사랑을 더하라"(벧후 1:5-7).

이 말씀은 그리스도의 인격을 형성하는 은혜로운 성품을 요약하고 있습니다. 더하라는 말은 합창단에서 다양한 성부(聲部)와 목소리가 모아져 화음을 이룰 때나 무지개의 다양한 빛깔이 나란히 이어져 아름다운 색의 조화를 나타낼 때처럼 서로를 보좌한다는 뜻입니다. 베드로 사도는 앞 구절에서 선택받은 자들에게 나타난 하나님의 은혜에 관해 말했습니다. 그들은 거듭남을 통해 "정욕 때문에 세상에서 썩어질 것을 피하여 신성한 성품에 참여하는 자가"(벧후 1:4) 될 수 있는 은혜를 입었습니다. 베드로는 소극적인 구원에 만족하지 말고 적극적으로 완전을 향해 나아가라고, 즉 열심히 노력하여 믿음의 덕목들을 갖추라고 권고했습니다. 단순히 믿음만 있어서는 안 됩니다. 다른 영적 품성이 믿음을 보완해야 그 믿음이 진정으로 구원에 이르는 믿음입니다.

"이런 것이 너희에게 있어 흡족한즉 너희로 우리 주 예수 그리스도를 알기에 게으르지 않고 열매 없는 자가 되지 않게 하려니와 이런 것이 없는 자는 맹인이라 멀리 보지 못하고 그의 옛 죄가 깨끗하게 된 것을 잊었느니라"(8-9절).

베드로는 이 말씀을 통해 베드로후서 1장 5-7절에서 상술한 덕목을 추구할 때와 그러지 않을 때의 결과를 언급합니다. 8절의 "이런 것"은 앞에서 말한 일곱 가지 덕목을 가리킵니다. 이 덕목들을 키워 가는 데 "게으르지 않고" 열심히 노력한다면 신자는 풍성한 열매를 맺을 수 있습니다. 음식 섭취에 소홀하면 몸이 야위며 무력해지고,

운동을 하지 않으면 근육이 축 늘어집니다. 마찬가지로 베드로후서 1장 5절의 권고를 따르지 않으면 영혼이 메마르고, 마음의 눈이 멀고, 믿음의 확신이 약해지는 결과가 나타납니다. 이런 논조는 자연스레 10절로 이어집니다.

"그러므로 형제들아 더욱 힘써 너희 부르심과 택하심을 굳게 하라 너희가 이것을 행한즉 언제든지 실족하지 아니하리라"(벧후 1:10).

이 말씀은 9절에서 영혼의 퇴락이 빚어낸 불행한 결과와는 대조를 이룹니다. 기독교인의 삶에는 정지 상태가 존재하지 않습니다. 전진하지 않는 사람은 퇴보합니다. 하나님의 계명을 부지런히 실천하지 않는 사람은 곧 거룩한 약속을 잃고 맙니다. 5-7절에 언급된 덕목을 실천하지 않는 사람은 불신앙의 영향 아래 놓이게 됩니다. 영혼의 정원을 힘써 가꾸지 않으면 그 안에 온갖 잡초가 자라게 될 것입니다. 하나님의 권고를 무시하는 사람은 구원의 기쁨을 잃고 의심에 치우쳐 하나님의 자녀가 되었다는 사실조차 부인하게 될 것입니다. 베드로는 그런 결과를 예방하기 위해 "형제들아 더욱 힘써 너희 부르심과 택하심을 굳게 하라"고 권고했습니다.

베드로후서 1장 10절은 신자들에게 하나님의 부르시고 택하신 사람들 가운데 속했다는 확실한 증거를 힘써 확보하라고 독려하고 있습니다. 하나님의 자녀라고 고백했으면 그에 합당한 성품과 행위를 진작함으로써 고백의 진정성을 뒷받침해야 합니다. 단순히 요한복음 5장 24절이나 사도행전 16장 31절을 의지하는 것으로는 안 됩니다. 하나님께 부름받고 선택된 백성임을 자타에 인정받으려면 이를 뒷받침하는 회개의 열매가 있어야 합니다. 믿음에 그리스도인다운 성품을 더해야만 우리는 비로소 그리스도의 백성이라는 사실을 입증할 수 있습니다. 자아의 뜻을 따르는 사람이 아니라 하나님의 영으로 인도함을 받는 사람이 곧 하나님의 아들입니다(롬 8:14).

루버트 호커는 1803년에 이렇게 말했습니다.

경건한 믿음의 운명이 걸려 있는 이 중대한 시기에 우리는 날마다 믿음의 퇴보를 목격하고 있다. 겸손한 사람이라면 이러한 상황에서 매우 근심스러운 의문을 품게 마련이다. "신자가 하나님의 은혜를 통해 복음의 위대한 진리를 확신하고 있다는 사실을 어떻게 확인할 수 있을까? 복음의 위대한 진리에 확고하게 뿌리를 내려 우리 안에 있는 소망에 관한 이유를 묻는 자들에게 대답할 것을 항상 준비하는 한편(벧전 3:15 참조), 그러한 소망 안에서 위로를 발견하고 우리의 믿음이 사람의 지혜가 아니라 하나님의 능력에 근거한다고 확신하는 것은 도저히 불가능한가(고전 2:5 참조)?" 이 질문에 대한 나의 대답은 긍정적이다. 위대한 복음의 진리와 관련하여 신자의 마음에 위로와 만족을 가져다주고, 배교의 가능성을 차단할 수 있는 확실한 방법이 있다. 그것은 곧 마음속에서 이루어지는 성령의 사역이다. 신자는 성령이 사역을 통해 그분의 능력 안에서 넘치는 소망은 물론 믿음의 기쁨과 평강을 발견할 수 있다(롬 15:13 참조).

구원의 확신이란 성경의 증언을 토대로 자신이 생명으로 이어지는 좁은 길을 걷고 있음을 아는 지식을 가리킵니다. 또 성경에 근거할 뿐 아니라 성령을 통해 거룩한 약속을 동반한 복된 성품이 자기 안에 있는지 식별할 수 있는 능력을 말합니다. 우리는 마지막 심판의 날처럼 하나님의 말씀을 기준으로 우리 자신을 평가할 수 있습니다. 따라서 신자라면 누구나 기도하면서 주의 깊게 하나님의 자녀가 지니는 영적 속성을 파악하고, 그것에 자신의 영혼과 삶의 태도를 비추어 서로 유사성이 있는지 확인해야 합니다.

새뮤얼 러더퍼드의 글을 인용함으로써 이번 장을 마무리하고자 합니다.

다음과 같은 표징은 참 신자와 배교자의 차이를 알려 준다. 참 신자는 그리스도와 그리스도의 진리를 가장 귀하게 생각하기 때문에 그분을 얻기 위해 모든 것을 버리고 그로 인한 고난을 기꺼이 감내한다. 참 신자는 율법이나 지옥의 두려움 때문이 아니라 그리스도를 사랑하는 마음 때문에 죄를 멀리한다. 참 신자는 겸손하기 때문에 자신의 뜻, 기지, 장점, 처지, 명예, 세상, 헛된 영광 따위에 연연하지 않는다. 참 신자는 공허한 신앙고백을 늘어놓지 않으며 선행을 실천한다. 참 신자는 범사에 하나님의 영광을 구한다. 그는 먹거나 자거나, 무엇을 사거나 팔거나, 앉거나 일어서거나, 말하거나 기도하거나, 무엇을 읽거나 말씀을 듣거나 무엇을 하든지 하나님의 영광을 목적으로 삼는다. 참 신자는 매일 기도에 힘쓰며 자신의 모든 길과 행동을 기도와 간구와 감사로 하나님께 의탁한다. 그는 조롱을 당해도 크게 개의치 않는다. 왜냐하면 그리스도 예수께서 자기보다 먼저 조롱을 받으셨다는 사실을 알고 있기 때문이다.

Chapter 4

어떻게 구원의 확신을 얻을 수 있는가?

성경에 따르면 성령 하나님은 우리의 영과 더불어 우리가 하나님의 자녀인 것을 증거 하십니다. 성령 하나님의 증거는 어떤 형태를 띠고 있을까요? 바로 경건한 삶과 거룩한 신앙 인격입니다. 우리가 하나님의 자녀답게 정결한 마음으로 경건의 삶을 실천하고 하나님을 사랑하며 그분의 법을 행한다면 성령께서 친히 우리의 양자권을 확증해 주십니다.

사도 바울은 빌립보 성도들에게 보내는 편지에서 "너희 안에서 착한 일을 시작하신 이가 그리스도 예수의 날까지 이루실 줄을 우리는 확신하노라"(빌 1:6)고 말했습니다. 이것이 하나님의 거듭난 자녀들과 입으로만 신앙을 고백하는 자들, 즉 살았다고 생각하지만 사실은 영적으로 죽어 있는 사람들을 구별하는 잣대입니다. 그렇다면 구원받은 자의 내면에서 시작된 "착한 일"은 과연 무엇을 의미할까요? 성경은 여러 곳에서 그 의미를 다양하게 설명하고 있습니다. 믿음으로 깨끗해진 마음(행 15:9), 성령으로 말미암아 마음에 부어진 하나님의 사랑(롬 5:5), 마음에 기록된 하나님의 법(히 8:10) 등으로 말입니다. 구원의 확신은 성경의 증언을 토대로 내가 하나님의 자녀라는 것을 아는 지식을 뜻합니다. 나의 인격과 경험과 삶이 성경 말씀에 기록된 하나님 자녀의 인격과 경험과 삶에 얼마만큼 일치하는지를 아는 지식입니다. 따라서 구원의 확신을 가지려면 자기 자신을 객관적으로 평가하고, 정직한 태도로 성경이 증언하는 하나님 자녀의 특성에 자신을 비추어 보아야 합니다.

오직 철저한 자아 성찰을 통해서만 만족스럽고 객관적인 확신에 노달할 수 있습니다. 청교도 목회자였던 리처드 백스터는 『성도의 영원한 안식』이라는 책에서 이렇게 말했습니다.

> 그러므로 신자들이여, 이 안식이 그대의 안식이 될 때까지 결코 쉬지 말라. 확신이 없는 한 자리에 앉지 말라. 홀로 그대의 마음을 심판대 앞에 세우고 철저한 심문 조사를 실시하라. 성도의 자격 조건과 그대 영혼의 상태를 비교하고, 그 둘 사이에 어떤 유사성이 있는지 살피라. 그대는 장차 큰 심판의 날처럼 지금도 하나님의 말씀으로 자신을 판단해야 한다. 장차 그대를 심판할 말씀에 주의를 기울이고 지금 그 말씀에 자신을 비춰 보라. 그러면 어떤 기준으로 무죄와 유죄가 결정될 것인지 미리 알 수 있다. 그대가 무죄를 선고받을 사격이 있는지, 아니면 유죄를 선고받을 사람들과 닮았는지 지금 시험하라. 그러면 그대가 복을 받

을지 저주를 받을지 알 수 있다. 하지만 반드시 올바른 판단 기준을 적용해야 한다. 성경이 증언하는 성도의 자격 요소를 그릇 판단해 그대의 무죄나 유죄를 아무렇게나 결정해서는 안 된다.

오늘날에는 이러한 자아 성찰이 무엇보다 절실합니다. 왜냐하면 자기기만에 빠진 사람이 너무 많기 때문입니다. 스스로를 참 신자라고 확신하지만 정작 참 신자의 속성을 하나도 갖추지 못한 사람들 말입니다. 스펄전은 고린도전서 4장 10절을 본문 삼아 이렇게 설교했습니다.

그들은 자신이 구원받았다고 말한다. 그들은 구원을 굳게 확신하며 그 사실을 의심하는 게 악한 일이라고 생각한다. 하지만 그들의 자신감에는 아무 근거가 없다. 주제넘은 자신감과 온전한 확신은 전혀 다른 것이다. 온전한 확신이 합리적이고 확고한 토대에 근거한다면 주제넘은 자신감은 뻔뻔하게 모든 것을 당연시하며 권리를 주장한다. 스스로 구원받았다고 섣불리 단정하지 않기를 당부한다. 심령이 새롭게 되고, 한때 좋아하던 것을 미워하거나 한때 미워하던 것을 좋아하고, 진정으로 죄를 뉘우치고, 생각이 완전히 변화되는 등 거듭남의 증거가 확실하게 있어야 구원을 즐거워할 수 있다. 하지만 그처럼 중요한 심령의 변화와 경건한 마음, 하나님을 향한 사랑, 기도, 성령의 사역 등이 없는데도 스스로 "구원받았다"라고 말한다면 그것은 아무 근거가 없는 억지 주장에 불과하다. 그런 생각은 구원을 가져다주지 못하는 자기기만일 뿐이다.

자아 성찰을 방해하는 요인을 제거하라

사탄은 이 절실하고도 중요한 자아 성찰을 방해하기 위해 수단과 방법을 가리지 않습니다. 그는 자신의 속임수에 넘어간 희생자들이 진지하게 자아를 성찰할 경우, 자신의 마음에서 은혜의 기적이 일어나지 않았다는 사실을 발견하고 온 마음으로 주님의 은혜를 구하게 될 것이라는 사실을 매우 잘 알고 있습니다. 또한 그는 참 신자가 철저히 자아 성찰을 하게 되면 그가 내주하는 죄의 권세에 맞설 수 있는 유리한 고지를 점유하게 되리라는 것도 익히 알고 있습니다.

한편 사탄의 방해뿐 아니라 주변 사람의 그릇된 본보기 때문에 건전한 자아 성찰에 관심을 기울이지 않는 사람들도 많습니다. "저 사람은 오랫동안 신앙생활을 해 왔고 성경도 많이 아는데 속된 것을 일삼고 '육신의 정욕과 안목의 정욕과 이생의 자랑'(요일 2:16)에 빠져 살아가고 있다. 저런 사람이 버젓이 천국에 들어간다면 나도 걱정할 필요가 없지 않겠는가?"라고 생각하는 사람들이 적지 않습니다.

인간은 본래 자아 성찰을 싫어합니다. 죄를 사랑하기 때문에 하나님의 거룩한 길을 외면하는 것입니다. 그들은 혹시라도 자신의 상태를 점검하다가 자기가 좋아하던 것을 포기하고 싫어하는 것을 억지로 하게 될까 봐 걱정합니다. 또 개중에는 영적으로 무지한 탓에 자아 성찰이 무엇인지, "믿음 안에 있는가 너희 자신을 시험"(고후 13:5)하라는 권고의 말이 무슨 의미인지 이해하지 못하는 사람도 있습니다. 이 밖에 세상일에 지나치게 골몰하고 가족과 자신을 부양하는 일에 너무 바빠 "죄송합니다. 양해해 주십시오"라고 말하는 사람도 있으며, 너무 게으른 탓에 자신의 마음 상태를 점검할 필요조차 느끼지 못하는 사람도 있습니다.

교만 역시 자아 성찰을 방해하는 요인 가운데 하나입니다. 교만한 사람들은 스스로를 높이 평가하면서 자신의 구원을 추호도 의심하지 않습니다. 자신의 영혼과 하나님 사이에 아무 문제가 없다고 단정합니다. 그들은 성경에 자신을 비춰 구원의 증거를 찾아보려는 노력, 곧 '그리스도 예수 안에서 새로운 피조물이 되었다'는 사실을 입증해 줄 증거를 찾는 노력이 불필요한 헛수고라고 생각합니다. 그들은 그리스도의 이름을 고백하면서 자신의 마음 상태를 의심하는 사람이 아무도 없는 종교적 분위기에서 성장했기 때문에 그런 의심이 마귀에게서 비롯한다고 믿습니다. 즉 그들은 그것을 하나님 말씀의 진실성을 의심하게 만들려는 마귀의 수작에 불과하다고 치부합니다. 그들은 "내가 알기에는 나의 대속자가 살아 계시니"(욥 19:25)라는 말씀이 누구 입에서 처음 나왔는지 망각한 채 그저 앵무새처럼 되뇌곤 합니다. 하나님은 그 말을 입 밖에 꺼낸 주인공 욥을 "그와 같이 온전하고 정직하여 하나님을 경외하며 악에서 떠난 자는 세상에 없느니라"(욥 1:8)고 소개하셨습니다.

많은 사람이 내면을 성찰하는 것은 잘못이라고 알고 있습니다. 자신의 마음에 하나님의 법이 새겨졌는지 아닌지를 확인하기 위해 마음을 성찰하는 것이 도대체 어째서 잘못이란 말입니까? 하나님이 내 안에서 "착한 일"(빌 1:6)을 시작하셨는지 아닌지를 살펴보는 것이 어째서 잘못입니까? 씨 뿌리는 자의 비유를 묵상하며 자신이 네 가지 토양 가운데 어디에 속했는지 확인하는 것이 어째서 잘못이란 말입니까? 열 처녀 비유에 자신을 비추어 보며 자신을 거듭나게 하고 거룩하게 하는 은혜의 "기름"이 자기 영혼의 "그릇"에 담겨 있는지 아닌지를 확인하는 것이 과연 잘못인가요(마 25:4)? 하나님은 "누구든지 그리스도의 영이 없으면 그리스도의 사람이 아니라"(롬 8:9)고 말씀하셨습니다. 그렇다면 내 안에 성령께서 거하시는지 그렇지 않은지 확인하는 것이 당연하지 않겠습니까?

존 오웬은 히브리서 3장 14절이 말씀을 가지고 이렇게 말했습니다.

> 성경에는 우리가 전심을 기울여 부지런히 탐구하고 물어야 할 계명과 경고가 많다. 우리는 우리가 그리스도 안에 참여한 사람이 되었는지 아닌지, 성령께서 우리 안에 거하시는지 아닌지 확인해야 한다. 물론 확실한 자신감을 얻기도 어렵고, 잘못된 판단을 할 소지도 있다. 하지만 성찰의 수단을 부지런히 규칙적으로 활용하면 분명히 좋은 결과를 얻을 수 있다.

성령의 역사를 확신하라

안타깝게도 지난 2-3세대를 거치면서 자아를 진정으로 성찰하는 영적 훈련은 강한 반발에 부딪혀 왔습니다. 게으른 사람에게 환영받을 만한 안일한 신앙관이 빠른 속도로 확산된 탓에 영혼의 구원과 구원의 확신은 매우 간단한 문제로 전락하고 말았습니다.

오늘날 수많은 목회자들은 구원을 받기 위해 먼저 마음에서 은혜의 기적이 일어나야 한다거나 자연인의 전적인 무능력을 성경이 증언하고 있다는 사실을 거의 믿지 않습니다. 그들은 타락한 인간이 '자유로운 도덕적 존재'라는 그릇된 생각에 사로잡혀 있으며, 인간에게 그리스도를 거부할 수 있는 능력이 있다고 믿습니다. 따라서 필요한 것은 정보를 알려 주고 강력히 설득하는 것, 곧 복음을 전하고 믿으라고 강권하는 것뿐입니다.

그들이 성령의 사역에 관해 들어본 적이 있을까요? 물론입니다. 그들은 오직 성령만이 죄를 깨닫게 하시고 영혼을 거듭나게 하신다고 말합니다. 하지만 그들의 행동은 말과 일치하지 않습니다. 하나님 앞에 조용히 머리를 조아리고 그분께 성령의 능력을 구하기보다 불신자에게 달려가 마치 성령께서 존재하지 않으시는 것처럼 말하고 글도 씁니다.

그런 어설픈 전도자들은 죄인이 마음만 먹으면 언제라도 그리스도를 영접할 수 있다는 전제로 행동합니다. 그들은 그리스도께서 우리를 위해 죽으셨다는 사실을 믿고 요한복음 3장 16절을 굳게 붙잡으면 구원받을 수 있다고 가르칩니다. 믿음을 고백하면 언제라도 온전한 구원의 확신을 가질 수 있다며 요한복음 5장 24절과 같은 말씀을 의지하는 것 외에 다른 것은 전혀 필요하지 않다고 가르칩니다. 하지만 그들의 가르침이 거짓이라는 것은 "성령이 친히 우리의 영과 더불어 우리가 하나님의 자녀인 것을 증언하시나니"(롬 8:16)라는 말씀 한 구절로 충분히 입증됩니다. 성경에 기록된 하나님의 약속을 붙잡는 것만으로 구원의 확신을 가질 수 있다면 성령 하나님이 신자의 영과 더불어 그가 하나님의 자녀라는 사실을 증언하실 필요가 어디 있겠습니까?

오늘날의 목회자들은 "성령이 친히 우리의 영과 더불어 우리가 하나님의 자녀인 것을 증언하시나니"라는 말씀을 안중에 두지 않습니다. 이 말씀을 좀 더 자세히 설명하자면 신자의 양자권이 간혹 불확실한 문제로 드러날 수 있기 때문에 성령께서 초자연적인 역사를 통해 확실한 토대를 마련하시고 신자의 모든 두려움을 없애 주신다는 의미입니다. 하나님이 우리의 영적 아버지가 되신다는 놀라운 사실을 온전히 확신하려면 자신의 감정이나 주변 사람들의 견해 그 이상의 증거가 필요합니다. 성경 한 구절에만 의존하기보다 그 사실을 입증해 줄 다른 증거들을 찾아야 합니다. "이것은 나의 몸이요"라는 말씀 하나에 근거해 성찬의 떡이 실제로 그리스도의 살로 변한다고 믿는 사람들이 많습니다. 그런 사람들에게 화체설의 오류를 아무리 설명해 봤자 아무 소용이 없습니다.

그러면 마음속에서 이루어지는 성령의 사역을 확신하게 알 수 있는 방법은 무엇일까요? 그분의 증언은 어떤 형태를 띠고 있을까요?

환상이나 음성은 아닙니다. 직접적인 영감이나 새로운 계시도 아닙니다. 생각지 못한 성경 말씀이 머릿속에 느닷없이 떠올라 감격과 흥분에 휩싸이는 현상도 아닙니다. 사실 사탄도 성경 구절이 떠오르게 하거나 거짓된 기쁨이나 평안을 가져다줄 수 있습니다. 그러므로 성령의 증언이 확고하고 결정적인 것이 되려면 사탄이 흉내 낼 수 없는 것이어야 합니다. 그것이 무엇일까요? 바로 거룩한 성품과 경건한 신앙 인격입니다. 성령은 거룩한 영으로써 우리 안에서 우리로 하여금 거룩과 경건을 향하여 한 걸음씩 나아가도록 도우시며 역사하십니다.

거듭난 양심과 성령의 증언을 들으라

"성령이 친히 우리의 영과 더불어 우리가 하나님의 자녀인 것을 증언하시나니"(롬 8:16)라는 말씀에서 "증언"은 타당하고 확실한 증거를 뜻하는 법률 용어입니다. 아울러 "우리의 영"은 새로워진 양심을 가리킵니다. 성경은 자연인의 양심에 대해 "이런 이들은 그 양심이 증거가 되어 그 생각들이 서로 혹은 고발하며 혹은 변명하여 그 마음에 새긴 율법의 행위를 나타내느니라"(롬 2:15)고 말합니다.

안타깝게도 자연인의 양심은 편파적이고 불분명하며 또한 어리석습니다. 반면 거듭난 사람은 하나님과 사람에 대하여 항상 양심에 거리낌이 없도록 힘쓰고자 하는 욕구를 느낍니다. 그리고 성령의 은혜는 양심을 부드럽고 유순하게 만들어 본연의 역할을 충실히 행하게 합니다. 우리의 거듭난 양심이 성령의 은혜로 유지될 때 우리는 비로소 사도 바울과 함께 이렇게 외칠 수 있습니다.

"우리가 세상에서……하나님의 거룩함과 진실함으로 행하되……하나님의 은혜로 행함은 우리 양심이 증언하는 바니 이것이 우리의 자랑이라"(고후 1:12).

바울은 자신의 내면에서 "자랑"의 근거를 찾았습니다. 그는 올바른 길에서 벗어난 것일까요? 오늘날의 싱겅 교사들은 그렇게 생각할 것이 분명합니다. 그들은 성경 말씀에 주의를 기울이기보다 인간의 말에 더 많은 관심을 기울입니다. 이에 대해 성경은 "마음이 굽은 자는 자기 행위로 보응이 가득하겠고 선한 사람도 자기의 행위로 그러하리라"(잠 14:14)고 말합니다. 만일 이 말씀이 구약 성경에 기록된 말씀이라고 해서 무시한다면 이번에는 신약 성경의 말씀을 읽어보겠습니다.

"가가 자기의 일을 살피라 그리하면 사랑할 것이 자기에게는 있어도 남에게는 있지 아니하리니"(갈 6:4).
"자녀들아 우리가 말과 혀로만 사랑하지 말고 행함과 진실함으로 하자 이로써 우리가 진리에 속한 줄을 알고 또 우리 마음을 주 앞에서 굳세게 하리니"(요일 3:18-19).

하나님의 자녀가 마음으로 그분을 향하고 있음을 어떻게 확신할 수 있을까요? 약속의 말씀만을 의지하는 것일까요? 아닙니다. 약속의 말씀을 의지하고 그 진리의 말씀 안에서 행할 때, 성령께서 우리의 영과 더불어 우리가 하나님의 자녀임을 증언해 주는 것입니다.

"성령이 친히 우리의 영과 더불어 우리가 하나님의 자녀인 것을 증언하시나니"(롬 8:16).

진리 안에서 행할 때 신자는 새로워진 양심의 증언뿐 아니라 성령의 증언을 듣게 됩니다. 그렇다면 성령께서는 우리가 하나님의 자녀인 것을 어떻게 증언하실까요?

첫째, 성령께서는 성경에 이 문제를 해결할 수 있는 확실한 말씀을 허락하셨습니다. 로마서 8장 14절은 "무릇 하나님의 영으로 인도함을 받는 사람은 곧 하나님의 아들"이라고 말합니다. 둘째, 성령께서는 하나님의 자녀만이 가질 수 있는 독특한 품성을 허락하십니다. 갈라디아서 5장 22절에 나온 "성령의 열매"가 그것입니다. 셋째, 성령께서는 영적 위로를 주십니다. 사도행전 9장 31절은 "주를 경외함과 성령의 위로로 진행하여"라고 말합니다. 넷째, 성령께서는 충실한 자녀가 지혜롭고 사랑스러운 부모를 사랑하듯 하나님을 사랑하게 하십니다.

다시 말하지만 성령께서는 우리의 영과 더불어 우리가 하나님의 자녀라는 사실을 증언하십니다. 그분은 초자연적인 은혜의 사역을 통해 우리 안에서 이루어지는 열매와 결과를 성경에 비추어 확인할 수 있도록 능력을 주십니다. 새로워진 심령은 거룩함을 추구하고 그리스도의 형상을 닮아 가는 데 힘쓰며 죄에 맞서 싸웁니다. 이 모든 것이 성령의 인도 아래 이루어집니다. 성령께서는 우리 안에 거룩한 본성을 창조하시고, 우리를 가르쳐 경건하지 않은 것과 이 세상 정욕을 다 버리고 신중함과 의로움과 경건함으로 이 세상에 살게 하심으로써 우리가 하나님의 자녀라는 확실한 결론에 도달하게 하십니다. 우리의 경험과 계시된 진리를 확실하게 연결해 주시는 것입니다. 요한일서 4장 13절은 "그의 성령을 우리에게 주시므로 우리가 그 안에 거하고 그가 우리 안에 거하시는 줄을 아느니라"고 말합니다.

Chapter 5

어떻게 구원의 확신을 지켜 갈 수 있는가?

참 구원 신앙을 가진 사람도 죄와 유혹, 고난 등으로 낙심하여 잠시 신앙을 잃어버릴 수 있습니다. 또 자신의 부패하고 연약한 모습에 한없이 슬퍼할 수도 있습니다. 하지만 성령 하나님은 우리를 완전한 절망의 늪에 방치해 두지 않으십니다. 그분의 도움으로 우리는 믿음의 눈을 들어 완전한 거룩함에 이를 날을 바라보게 됩니다.

이제 누가 구원의 확신의 특권을 누릴 수 있는지 간단히 살펴보고자 합니다. 여기서 우리는 두 가지 극단을 경계해야 합니다. 첫 번째로 경계해야 할 사항은 "구원받았다고 믿기만 하면 구원받는다"라는 속임수입니다. 아무리 확신을 가져도 증거가 없으면 아무 소용이 없습니다. 두 번째로 경계해야 할 사항은 죄의 법이 마음에서 활동하고 있는 한 그런 증거를 발견하는 것은 애초부터 불가능하다는 생각입니다. 저는 그런 사람들에게 "자신의 건강이 좋은지 나쁜지 확인할 수 없다는 말입니까? 건강 상태를 보여 주는 확실한 징후나 증상이 있지 않습니까?"라고 묻고 싶습니다. 뭔가 이상한 증상이 느껴지면 의사를 찾아가 혈압과 심장 박동을 비롯해 중요한 장기에 관한 철저한 검진을 받지 않겠습니까? 영혼도 마찬가지입니다. 하나님의 말씀에 근거해 구원의 확신에 대한 증거를 찾으려면 여러 가지 질문을 던지고 대답하는 과정이 필요합니다.

하나님은 어떤 사람과 함께하십니까?

"내가……(교만하고 거만한 자가 아니라) 통회하고 마음이 겸손한 자와 함께 있나니"(사 57:15).

"무릇 마음이 가난하고 심령에 통회하며 내 말을 듣고 떠는 자 그 사람은 내가 돌보려니와"(사 66:2).

사랑과 순종을 나타내라

이 글을 읽고 있는 여러분은 어떻습니까? 앞의 말씀에서 말하고 있는 그런 사람입니까? 아니면 말로만 그렇다고 적당히 둘러대는 사람입니까? 하나님이 진정으로 용서를 베푸는 사람은 누구일까요? 그는 회개하고 돌이키는 사람, 곧 세상과 죄의 행위를 버리고 하나님께 복종하는 사람입니다. 하나님의 법을 생각에 남고 마음에 새겨 그분의 계명을 사랑하고 묵상하고 실천하는 사람만이 그분의 용서를 받습니다. 히브리서 10장 16절이 10장 17절 앞에 기록되었다는 사실을 잊지 마십시오.

"주께서 이르시되 그 날 후로는 그들과 맺을 언약이 이것이라 하시고 내 법을 그들의 마음에 두고 그들의 생각에 기록하리라 하신 후에 또 그들의 죄와 그들의 불법을 내가 다시 기억하지 아니하리라 하셨으니"(히 10:16-17).

그리스도는 누구를 반석 위에 집 지은 사람으로 비유하셨습니까? 단지 '믿는' 데 그치지 않고 "나의 이 말을 듣고 행하는 자"(마 7:24)라고 하셨습니다. 누가 진정으로 거듭난 사람입니까? 의를 행하는 자입니다. 하나님은 누구에게 은혜의 영원한 목적을 계시하겠다고 말씀하셨습니까? 시편은 이렇게 말합니다.

"여호와의 친밀하심이 그를 경외하는 자들에게 있음이여 그의 언약을 그들에게 보이시리로다"(시 25:14).
"그의 행위를 옳게 하는 자에게 내가 하나님의 구원을 보이리라"(시 50:23).

구원 신앙을 식별하는 표지는 무엇입니까? 자신의 마음을 깨끗이 하고 사랑으로 역사하고 또한 세상을 이기는 믿음입니다. 그런 특성이 드러나는 믿음이야말로 살아 있는 참 믿음입니다.

성령으로 거듭났다는 사실은 오직 그 결과를 통해 알 수 있습니다. 하나님께서 선택하신 백성에게 약속하신 것과 내 마음에서 일어나는 성령의 역사를 비교해 보면 나의 구원의 확신이 정당한지 아닌지 알 수 있습니다. 영적인 일은 영적인 것으로 분별합니다. 하나님은 자기를 사랑하는 자들을 위하여 놀라운 일들을 예비하셨습니다. 그러므로 우리는 하나님을 향한 우리의 사랑을 반드시 확신할 필요가 있습니다. 영원한 형벌이 무서워서 하나님을 사랑하게 되었다고 생각하는 사람들이 많지만 그렇지 않습니다. 하나님을 사랑하는 마음은 지옥의 공포나 천국의 소망에서 비롯하지 않습니다. 하나님의 존재 자체를 사랑하지 않는다면 그것은 그분을 전혀 사랑하지 않는 것입니다. 그리고 하나님을 진정으로 사랑하게 되면 범사에 그분을 기쁘게 해드리는 것이 삶의 바람이자 목적이 됩니다.

구원의 확신을 굳게 하라

다음은 웨스트민스터 신앙고백 대요리 문답 중 81번의 내용입니다.

문 81. 모든 진실한 신자는 자신이 현재 은혜의 상태에 있고, 장차 구원 받으리라는 것을 항상 확신하는가?

답. 은혜와 구원의 확신은 신앙의 본질에 속한 것이 아니기에 진실한 신자도 확신을 얻기까지 오랜 시간이 걸릴 수 있을 뿐 아니라(요일 5:13), 확신을 얻은 후에도 혼란과 죄와 유혹과 실족으로 인해 그 강도가 약해지거나 아예 중단되기도 한다(시 77:7-9; 31:22). 그러나 성령이 항상 함께하시며 도우시기 때문에 결코 완전한 절망에는 이르지 않는다(시 73:13-15, 23; 요일 3:9; 사 54:7-11).

육체의 건강을 잃는 것이 동일한 이유나 원인 때문이 아니듯 확신을 잃는 것도 그 이유와 원인이 제각각입니다. 모든 질병에 동일한 약을 처방하는 의사는 무능한 의사입니다. 마찬가지로 모든 영혼의 질병에 동일한 치유책을 제시하는 기독교 사역자는 "쓸모 없는 의원"(욥 13:4)에 불과합니다. 육체나 영혼의 건강은 사람마다 그 정도가 다릅니다. 그 이유는 하나님께서 절대적인 주권과 기쁘신 뜻대로 각 사람에게 자연적, 영적 은사를 골고루 나눠 주시기 때문입니다. 하지만 우리가 우리 자신의 건강을 스스로 결정할 수 없다 해도 하나님의 축복 아래 합법적인 수단들을 활용하면서 어느 정도는 우리의 건강에 이바지할 수 있습니다. 우리는 대개 죄로 인해 어리석은 행동을 일삼다가 자신의 건강을 해치거나 파괴할 때가 많습니다. 이는 영적 차원에서도 크게 다르지 않습니다.

구원의 확신이 없거나 매우 미약한 이유는 주로 육체의 건강 상태가 좋지 않기 때문입니다. 연약한 육체는 마음에 영향을 미칩니다. 기력이 쇠약하면 정신도 흐리멍덩해지게 마련입니다. 극심한 두통에 시달리면서 어떻게 성경을 읽고 말씀의 은혜를 받을 수 있겠습니까? 이와 같이 육체가 매우 연약하여 하나님의 일을 즐거워하지 못하거나 확신 가운데 머물지 못하는 경우가 적지 않습니다.

건강하지 못한 사람은 하나님의 은혜를 누릴 수 없다고 말하는 것이 아닙니다. 오히려 그와 정반대인 경우도 더러 있습니다. 하지만 육체의 건강을 유지하는 기본 법칙을 무시한 탓에 영적으로 무기력한 삶을 살아가는 경우가 적지 않은 것은 분명한 사실입니다.

또한 육신의 건강만으로 궁극적인 확신이 회복되거나 강화된다고 말하는 것도 아닙니다. 영적인 일은 물질적인 것으로 이루어지지 않기 때문입니다. 그럼에도 불구하고 육체적인 장애 요소를 제거하면 여러모로 영적 유익을 얻을 수 있습니다. 영혼의 활력이 약해졌다면 밖에 나가 운동을 하고 먹는 음식을 바꾸어 보십시오.

그릇된 사역도 구원의 확신을 방해하는 또 하나의 요소입니다. 편파적인 가르침, 곧 진리의 객관성과 주관성이 균형을 이루지 못하는 가르침을 접하거나 그리스도보다 자아에 더 많은 관심을 기울이라는 권고를 듣는 경우가 여기에 해당합니다. 어떤 사람은 자기기만에 빠지지 않기 위해 자아 성찰에만 골몰합니다. 또 어떤 사람은 이름뿐인 송교인들의 헛된 자신감에 질려서, 그들처럼 주제넘은 태도를 취하거나 마귀의 부추김에 넘어가지 않으려고 구원의 확신이 있음을 드러내 놓고 말하지 않기도 합니다. 그런 사람은 의심과 두려움, 불확실함 등을 영적 겸손의 증거로 간주하곤 합니다.

물론 이들의 태도가 옳다고 말할 생각은 없습니다. 하지만 주제넘은 확신을 남발하는 사람들보다는 이런 사람들이 더 낫습니다. 저는 교만한 마음으로 자기만족을 추구하며 매사에 그릇된 삶을 일삼으면서도 그리스도께서 자신을 영접하셨다고 굳게 믿으며 자신만만해하는 사람들보다 차라리 자아를 미워하고 자신을 비하하며 슬픔에 잠긴 사람들 편에 서고 싶습니다. 곧 "복음에 너무 익숙해서 내가 진정으로 하나님을 사랑하고 있는지, 그분의 소유답게 살아가고 있는지 확신할 수 없다"라고 말하는 사람들 말입니다. 자신의 실상을 깨닫지 못하고 경박한 마음과 생각으로 안일하게 살아가는 것보다 그리스도께 순종하지 못하는 것을 항상 슬퍼하고 자기의 악함을 의식하며 우울하게 사는 것이 더 낫습니다.

하지만 다행스러운 것은 '의심과 절망의 구렁텅이'에 머물러 '주님의 기쁨'을 전혀 모르고 살아가는 것과 사탄이 주는 거짓 평화만을 믿고 양심의 소리를 등한시한 채 살아가는 것 사이에는 중간 단계가 존재한다는 사실입니다. "오호라 나는 곤고한 사람이로다 이 사망의 몸에서 누가 나를 건져내랴"(롬 7:24) 하고 부르짖었던 사도는 "내가 믿는 자를 내가 알고 또한 내가 의탁한 것을 그 날까지 그가 능히 지키실 줄을 확신함이라"(딤후 1:12)고 말했던 사도와 동일 인물입니다. "근심하는 자 같으나 항상 기뻐하고"(고후 6:10)라는 말은 그의 이중적 경험을 함축하고 있습니다.

하나님께서 우리의 눈을 열어 우리 안에 있는 부패 덩어리를 보게 하신다면 우리도 슬퍼할 수밖에 없습니다. 그리스도께서 보여 주신 본보기에 턱없이 미치지 못하는 자신의 연약한 모습에 마음이 무너질 수밖에 없습니다. 하지만 하나님은 우리로 하여금 비참한 상태를 깨닫게 하실 뿐 아니라 거룩함을 간절히 추구하고, 또 사망의 몸에서 해방되는 순간 그 거룩함이 완성될 것을 알게 하십니다. 그러므로 우리는 슬퍼하는 동시에 기뻐할 수 있습니다.

사탄은 세 가지 목표를 추구합니다. 첫째, 사탄은 우리를 부추겨 죄를 짓게 하고, 둘째, 은사를 활용하지 못하도록 방해하며, 셋째, 우리의 평화와 기쁨을 파괴합니다. 사탄은 처음 두 가지 목표는 달성하지 못하더라도 세 번째 목표에서는 송송 성공을 거듭니다. 광명의 천사로 가장하여 하나님의 자녀인 우리에게 그분의 거룩함과 우리의 추악한 죄를 동시에 보여 줌으로써 우리를 절망으로 몰아넣는 것입니다. 그는 우리에게 디기와 "너는 믿음도 없고 하나님을 뜨겁게 사랑하지도 않는다. 네 행동과 태도는 그리스도를 전혀 닮지 않았다"라고 속삭입니다. 해야 할 일을 '하지 않은' 죄와 '제대로 못한' 죄를 들춰내며 양심의 가책을 느끼게 합니다. 양심이 부드러운 신자일수록 마귀로부터 거센 공격을 받습니다.

평화를 교란하고 확신을 깨뜨리는 사탄의 공격 전술에 제대로 대처하지 못해 그 앞에 무릎을 꿇어버리는 사람이 참으로 많습니다. 어떻게 해야 할까요? 성경은 하나님의 자녀가 세상에서 아무 흠 없이 완전하게 살아갈 수 있다고 가르치지 않습니다. 사탄이 "너는 어떤

히 큰 죄인이다"라고 말한다면 그 말을 그대로 인정하십시오. "은혜의 기적이 일어났음에도 마음속에 이러저러한 육신의 정욕이 잔뜩 도사리고 있군" 하고 말하거든 "그래 맞아. 내 육신이 완전히 제거되거나 정화되지 않았기 때문이다"라고 대답해야 합니다.

또한 사탄이 "하나님으로부터 구원 신앙을 받았으면서 어떻게 그런 의심을 품고 살아갈 수 있느냐?"라고 묻는다면 "성경을 보면 그리스도께 나왔으면서도 '내가 믿나이다 나의 믿음 없는 것을 도와주소서'(막 9:24)라고 부르짖은 사람이 있다"라고 대답하십시오.

하지만 구원의 확신을 방해하는 가장 큰 요인은 죄를 알면서도 버리지 않는 강퍅함입니다. 성경 말씀에 명백히 기록되었음을 알고, 하나님의 책망 혹은 양심의 가책이 느껴지는데도 여전히 똑같은 잘못을 되풀이하다 보면 구원의 확신과 성령의 위로는 사라지게 됩니다. 죄로 인해 신앙 인격이 약화될수록 양자됨의 증거가 희미해집니다. 죄를 허용하면 영혼의 눈이 어두워져 자신의 실상을 볼 수 없고, 마음이 둔해져 자신의 상태를 느낄 수 없습니다. 더욱이 하나님은 죄에 분노하시기 때문에 그 은혜로운 얼굴빛을 우리에게서 돌리십니다. 성경은 "오직 너희 죄악이 너희 하나님 사이를 갈라 놓았고 너희 죄가 그의 얼굴을 가리어서 너희에게서 듣지 않으시게 함이니라"(사 59:2)고 말합니다.

다윗의 슬픈 이야기가 그 대표적인 사례입니다. 그의 타락은 심각한 결과를 초래했습니다. 그는 "내가 입을 열지 아니할 때에 종일 신음하므로 내 뼈가 쇠하였도다 주의 손이 주야로 나를 누르시오니 내 진액이 빠져서 여름 가뭄에 마름 같이 되었나이다"(시 32:3-4)라고 고백했습니다. 하지만 감사하게도 그의 생애는 비참한 상태로 끝나지 않았습니다. 바로 다음 구절을 보십시오.

"내가 이르기를 내 허물을 여호와께 자복하리라 하고 주께 내 죄를 아뢰고 내 죄악을 숨기지 아니하였더니 곧 주께서 내 죄악을 사하셨나이다"(5절).

다윗이 겪었던 영혼의 깊은 고뇌는 시편 51편에도 기록되어 있습니다. 그는 다음과 같이 기도했습니다.

"주의 얼굴을 내 죄에서 돌이키시고 내 모든 죄악을 지워 주소서 하나님이여 내 속에 정한 마음을 창조하시고 내 안에 정직한 영을 새롭게 하소서 나를 주 앞에서 쫓아내지 마시며 주의 성령을 내게서 거두지 마소서 주의 구원의 즐거움을 내게 회복시켜 주시고 자원하는 심령을 주사 나를 붙드소서"(시 51:9-12).

이런 논의는 자연스럽게 구원의 확신을 어떻게 유지할 수 있는지에 대한 내용으로 이어집니다.

구원의 확신을 지키는 4가지 방법

여기에도 우리가 경계해야 할 두 가지 극단이 있습니다. 하나는 스스로 아무것도 할 수 없다는 무기력한 운명주의이고, 다른 하나는 해결책이 우리 자신의 손에 있다고 확신하는 뻔뻔한 인본주의입니다. 영적 확신은 하나님의 선물입니다. 하지만 신자는 하나님으로부터 받은 확신을 유지해야 할 책임이 있습니다.

왜냐하면 우리는 얼마든지 하나님을 떠나 방황할 수 있기 때문입니다. 성령 대신 육신을 좇고, 말과 행동으로 선한 열매를 맺기보다 불순종과 자기만족에 치우쳐 영혼을 쇠약하게 할 수 있습니다. 하지만 동시에 하나님이 허락하신 적절한 수단을 사용하여 후자를 선택할 수도 있습니다. 거룩한 확신을 유지하려면 어떻게 해야 할까요?

첫째, 마음을 지켜야 합니다. 예수님은 "시험에 들지 않게 깨어 있어 기도하라"(막 14:38)고 당부하셨습니다. 또한 히브리서 저자는 "형제들아 너희는 삼가 혹 너희 중에 누가 믿지 아니하는 악한 마음을 품고 살아 계신 하나님에게서 떨어질까 조심"(히 3:12)하라고 권고했습니다.

존 오웬은 이렇게 말했습니다.

사탄과 세상이 제공하는 온갖 특혜와 영향력에 힘입어 속임수와 능력으로 막강한 권세를 휘두르는 죄에 맞서 싸우기를 게을리하지 말라. 사도들은 수차례의 경고와 권고를 통해, 죄로 인해 강퍅한 마음을 품지 말라고 당부했다. 죄의 목적은 그리스도에 대한 우리의 관심과 그분을 믿는 확고한 의지를 방해하여 우리를 살아 계신 하나님에게서 멀어지게 만드는 것이다.

신자는 죄를 짓지 않기 위해 늘 깨어서 기도해야 합니다. 죄를 버릴 수 있도록 우리의 육신을 쳐 복종시켜야 합니다. 또한 끊임없이 우리를 유혹하는 죄를 끊어버릴 수 있도록 주님께 능력을 구해야 합니다. 고의로 죄의 위험이 도사리는 곳을 찾아가거나 또한 죄의 공격에 무방비 상태로 자신을 노출하는 것은 주님을 시험하는 것입니다. 성경은 "사악한 자의 길에 들어가지 말며 악인의 길로 다니지 말지어다 그의 길을 피하고 지나가지 말며 돌이켜 떠나갈지어다"(잠 4:14-15)라고 말씀하고 있습니다. 함정이 도처에 가득한 세상을 살아가려면 신중에 신중을 더해야 합니다.

둘째, 은혜를 간직하기 위해 부지런히 노력해야 합니다. 신자는 구원의 은혜에 참여한 사람입니다. 구원에서 비롯된 기쁨과 평안을 누리기 위해서는 자신이 하나님의 은혜 가운데 있다는 사실을 늘 의식해야 합니다. 존 오웬은 은혜 가운데 있음을 보여 주는 가장 확실한 증거가 바로 은혜 안에서의 성장이라고 말하면서 다음과 같이 덧붙였습니다.

우리를 그리스도 안에 거하게 해 주는 은혜를 소중하게 여기고 그것을 강화하는 데 매진하라. 우리가 은혜를 소홀하게 취급한다면 곧 생명력을 잃고 소멸된다. 은혜를 외면하면 하나님의 사랑이 우리에게 있고, 우리가 그리스도와 연합한 상태라는 증거가 불투명해진다. 요한계시록에 나오는 교회들 중 일부는 그들의 처음 행위와 첫사랑을 버렸다. 이런 이유로 성경은 은혜 안에서 성장하라고 명령한다. 은혜 안에서 성장하려면 우리 안에 존재하는 은혜가 활발하게 역사하고 풍성해져야 한다. 어떻게 은혜가 풍성해질 수 있는가?

우선 은혜의 성품들 중 하나가 향상될 때이다. 예를 들어, 연약한 믿음이 강해진다거나 냉랭한 사랑이 뜨거워지는 경우인데 이는 우리가 우리의 영혼을 그리스도에게 온전히 맡기고 정성을 다해 그 은혜를 가꾸어야 가능하다. 다음은 "너희가 더욱 힘써 너희 믿음에 덕을, 덕에 지식을"(벧후 1:5)이라는 말씀대로 은혜의 성품 하나에 또 다른 성품이 더해질 때이다. 그리스도 안에서 은혜의 성품들이 서로 연결되려면 영혼의 근면한 활동과 성령의 역사가 필요하다. 은혜의 성품들은 서로 독려하면서 영혼 안에 새로운 자리를 잡아간다.

셋째, 거룩한 확신을 유지하려면 하나님 앞에서 그때그때 지은 죄를 청산해야 합니다. 히브리서 저자는 "우리가 마음에 뿌림을 받아 악한 양심으로부터 벗어나고 몸은 맑은 물로 씻음을 받았으니 참 마음과 온전한 믿음으로 하나님께 나아가자"(히 10:22)라고 권고했습니다. 양심이 죄의식에 짓눌려 있으면 하나님 앞에 진정으로 나아갈 수 없습니다. 죄로 인해 자신이 더러워졌다는 죄의식에 사로잡혀 있는 한 우리는 그분께 결코 자유롭게 나아갈 수 없습니다. 요한 사도는 "사랑하는 자들아 만일 우리 마음이 우리를 책망할 것이 없으면 하나님 앞에서 담대함을 얻고"(요일 3:21)라고 말했습니다.

아무리 성실하고 신중하고 진실한 성도라도 해야 할 일을 하지 않거나 하지 말아야 할 일을 해버리는 등 날마다 실수를 범하기 마련입니다. 하지만 감사하게도 사랑이 풍성하신 하나님께서는 그러한 실패를 처리할 수 있는 방법을 말씀해 주셨습니다. 요한일서 1장 9절은 "만일 우리가 우리 죄를 자백하면 그는 미쁘시고 의로우사 우리 죄를 사하시며 우리를 모든 불의에서 깨끗하게 하실 것이요"라고 말합니다. 잘못했다는 사실을 깨닫는 순간 우리는 곧바로 하나님께 머리를 조아리고 지은 죄를 숨김없이 그분께 고백해야 합니다. 매일 그런 일을 반복하게 되더라도 결코 두려워하지 마십시오. 주님은 우리에게 형제가 죄를 짓거든 "일곱 번을 일흔 번까지라도"(마 18:22) 용서하라고 명령하셨습니다. 주님은 그보다 훨씬 더 자비로우시지 않겠습니까? 잠언 28장 13절은 "자기의 죄를 숨기는 자는 형통하지 못하나 죄를 자복하고 버리는 자는 불쌍히 여김을 받으리라"고 말합니다.

넷째, 서툭한 확신을 유지하려면 매일 하나님과 교통해야 합니다. 요한 사도는 "우리의 사귐은 아버지와 그의 아들 예수 그리스도와 더불어 누림이라 우리가 이것을 씀은 우리의 기쁨이 충만하게 하려 함이라"(요일 1:3-4)고 말했습니다. 두 문장이 하나로 연결된 것에 주목하십시오. 충만한 기쁨은 성부 하나님과 성자 하나님의 사귐에서 생겨납니다. 요한일서에서 기쁨은 하나님의 자녀가 되었다는 분명한 확신으로 행하는 것과 깊이 관련됩니다.

그러면 여기에서 "사귐"이란 무슨 의미일까요? 그것은 마음과 생각의 연합, 공통된 관심사와 기쁨, 의지와 목적의 일치, 상호 간의 사랑을 뜻합니다. 구원의 빛 가운데서의 교제를 가리킵니다. 주 예수님은 성부 하나님과 끊임없이 교제를 나눔으로써 이러한 사귐을 완벽하게 실현하고 손수 우리의 본보기가 되셨습니다. 그분은 하나님의 뜻 행하기를 기뻐하셨고(시 40:8), 그분의 계명을 지키셨으며(요 14:31), 항상 하나님을 기쁘시게 하는 일(요 8:29)을 행하셨습니다. "그의 안에서 산다고 하는 자는 그가 행하시는 대로 자기도 행할지니라"(요일 2:6)는 말씀처럼 우리 앞에 제시된 삶의 기준은 매우 높습니다. 하지만 우리는 열심히 기도하며 노력해야 합니다.

사귐은 하나님의 빛과 사랑에 참여하는 것입니다. 그분이 미워하시는 것을 거부하고 그분이 기뻐하시는 것을 선택하는 것이 곧 사귐입니다. 내 뜻 대신 하나님의 뜻을 좇고, 자아를 버린 채 그리스도 안에서 하나님을 받아들이며, 그분의 평가를 인정하고 늘 그분을 생각하며 세상과 세상 안에 있는 것들, 곧 현재와 미래의 모든 것을 그분의 관점에서 바라보는 것입니다. 한마디로 하나님의 거룩한 본성을 닮아가는 것입니다.

성경은 "여호와로 인하여 기뻐하는 것이 너희의 힘이니라"(느 8:10)

고 말합니다. 이 힘은 유혹을 물리치고 삶의 의무를 이행하며 슬픔과 실망을 견딜 수 있게 해줍니다. 하나님의 영광을 위해 살고 하나님과 기쁨의 교제를 나누며 그분과 가까이 동행할수록 양자된 우리의 신분은 더욱 확고하게 입증될 것입니다.

   이 글을 읽는 모든 분들이 성경을 통하여 구원을 분명히 알고, 확신하며, 견고히 하고, 또한 지켜나가시기를 우리 주 예수 그리스도의 이름으로 축원드립니다.

STUDIES ON SAVING FAITH

사명선언문

너희가 흠이 없고 순전하여……세상에서 그들 가운데 빛들로
나타내며 생명의 말씀을 밝혀 _ 빌 2:15-16

1. 생명을 담겠습니다
만드는 책에 주님 주신 생명을 담겠습니다.
그 책으로 복음을 선포하겠습니다.

2. 말씀을 밝히겠습니다
생명의 근본은 말씀입니다.
말씀을 밝혀 성도와 교회의 성장을 돕겠습니다.

3. 빛이 되겠습니다
시대와 영혼의 어두움을 밝혀 주님 앞으로 이끄는
빛이 되는 책을 만들겠습니다.

4. 순전히 행하겠습니다
책을 만들고 전하는 일과 경영하는 일에 부끄러움이 없는
정직함으로 행하겠습니다.

5. 끝까지 전파하겠습니다
모든 사람에게, 땅 끝까지, 주님 오시는 그날까지
복음을 전하는 사명을 다하겠습니다.

서점 안내

광화문점 서울시 종로구 새문안로 69 구세군회관 1층
02)737-2288 / 02)737-4623(F)

강남점 서울시 서초구 신반포로 177 반포쇼핑타운 3동 2층
02)595-1211 / 02)595-3549(F)

구로점 서울시 동작구 시흥대로 602, 3층 302호
02)858-8744 / 02)838-0653(F)

노원점 서울시 노원구 동일로 1366 삼봉빌딩 지하 1층
02)938-7979 / 02)3391-6169(F)

일산점 경기도 고양시 일산서구 중앙로 1391 레이크타운 지하 1층
031)916-8787 / 031)916-8788(F)

의정부점 경기도 의정부시 청사로47번길 12 성산타워 3층
031)845-0600 / 031)852-6930(F)

인터넷서점 www.lifebook.co.kr